O dilema das galinhas felizes

LEANDRO KARNAL
& GUSTAVO ARNS

O dilema das galinhas felizes

DIÁLOGOS SOBRE A CIÊNCIA DA FELICIDADE

1ª edição

EDITORA RECORD
RIO DE JANEIRO • SÃO PAULO
2025

CIP-BRASIL. CATALOGAÇÃO NA PUBLICAÇÃO
SINDICATO NACIONAL DOS EDITORES DE LIVROS, RJ

K28d

Karnal, Leandro
O dilema das galinhas felizes: diálogos sobre a ciência da felicidade / Leandro Karnal, Gustavo Arns. – 1. ed. – Rio de Janeiro: Record, 2025.

ISBN 978-85-01-92590-9

1. Emoções – Felicidade. 2. Consumo – Aspectos psicológicos. 3. Inteligência emocional. I. Arns, Gustavo. II. Título.

25-99256.0 CDD: 158.1
CDU: 159.942

Gabriela Faray Ferreira Lopes – Bibliotecária – CRB-7/6643

Capa: Túlio Cerquize
Imagem: DWNKR/Shutterstock

Diagramação: Abreu's System

Texto revisado segundo o Acordo Ortográfico da Língua Portuguesa de 1990.

Direitos exclusivos desta edição reservados pela
EDITORA RECORD LTDA.
Rua Argentina, 171 – Rio de Janeiro, RJ – 20921-380 – Tel.: (21) 2585-2000.

Impresso no Brasil

ISBN 978-85-01-92590-9

Seja um leitor preferencial Record.
Cadastre-se no site www.record.com.br
e receba informações sobre nossos
lançamentos e nossas promoções.

Atendimento e venda direta ao leitor:
sac@record.com.br

Sumário

Introdução

Do que estamos falando?

Contardo Calligaris (1948-2021) foi um grande pensador, com talento para condensar ideias complexas em minidiscursos. Certa vez, declarou à imprensa que "não queria uma vida feliz, desejava uma vida interessante".

> [...] a felicidade, seja lá o que ela for, não depende de a vida e o mundo terem um sentido no qual eu acredite. Ao contrário, se a vida tiver um sentido fora dela, nas nuvens do paraíso ou dos sonhos, onde vivem as utopias sociais, suspeito que a gente se distrairia dela. E não sei se existe uma chance

> de viver uma vida plena sem destinar a esse projeto toda a nossa atenção.*

A ideia é ótima e virou citação frequente nas redes sociais. O que significa, então, desconfiar da felicidade e almejar apenas o "lado interessante da existência"?

Todos parecem querer a felicidade. Quando alguém declara que não a deseja, isso causa certo impacto. No lugar do valor quase universal, Calligaris emprega o termo "interessante". Interessante: vida de interesses, de descobertas, desafios, idas e vindas! Vida na qual até a morte pode ter um aspecto a revelar — algo interessante. Claro, bastaria ponderar que você diz "felicidade" e eu digo "interessante", e ambos buscamos o bem-estar, mas sem o mesmo impacto. A felicidade de Calligaris estaria contida no termo "interessante"?

É preciso ir além e combater a visão extático-estática de felicidade. Extática com X porque parece ser uma cena de um Paraíso Teológico, com almas eternamente contemplando Deus, sem faltas, desejos ou oscilações. Seria um êxtase místico total e imóvel. E estática com S porque parece um patamar a ser atingido, a partir do

* CALLIGARIS, Contardo. *O sentido da vida*. São Paulo: Planeta do Brasil, 2023. p. 22.

qual nada mais ocorre. Tudo para, como no momento em que o Fausto de Goethe alcança a plena e perfeita alegria com o instante. Extática e estaticamente, essa ideia de felicidade pode até ter sentido em uma visão religiosa; todavia, é pouco humana.

Nossa obra fala da felicidade como uma construção, jamais como um pódio permanente. Aproxima-se mais de um processo, de uma elaboração possível, não de um nicho no qual se deposita o troféu "sou feliz".

As pessoas tendem a gostar de construções idealizadas sobre pontos fixos. "Eu te amarei para sempre." "Confiarei em você eternamente." Tais afirmações almejam remover o elemento universal "tempo" e fixar nossa decisão em um ponto imóvel, sem qualquer outra circunstância ou subjetividade. Sim, confio em você hoje porque tudo me trouxe até este ponto, isto é, a construção da minha confiança tem história. Você agiu corretamente no passado, sempre. Por isso, hoje, eu confio em você. Mas... e se tudo mudar na sua ou na minha vida? E se eu ferir um valor seu ou você for acometido de uma doença grave que talvez transforme até a sua consciência? Meu amor é eterno no sentido em que um humano é eterno — até o momento em que estamos escrevendo estas linhas e você as está lendo.

Muitas pessoas confundem o ideal de felicidade com o medo da mudança. Assim, felicidade e amor seriam pontos imóveis, inabaláveis. Este livro critica essa visão como uma idealização.

Erich Fromm (1900-1980), um autor menos citado hoje em dia, dizia que o prazer e a emoção levam a picos intensos de satisfação, os quais, no entanto, posteriormente se esvaziam. Muito superior seria a alegria, que não vive de oscilações. Citando Spinoza, Fromm diz que a alegria "é a passagem do homem de uma perfeição menor para uma perfeição maior. A tristeza é a passagem do homem de uma perfeição maior para uma menor".* Fromm associa alegria a uma plena realização do Ser.

Neste livro, faremos distinções entre o sentido de alegria comum (fruto de circunstâncias favoráveis) e de felicidade (fruto de um trabalho maior e mais longo) — podemos usar muitas nomenclaturas. Fromm considera limitado o apelo do prazer e da emoção; no mesmo caminho, Bertrand Russell ataca a excitação como fórmula

---

* SPINOZA, ética 3. Def. 2, 3. Citada por FROMM, Erich. *Ter ou ser:* uma introdução ao pensamento humanista. São Paulo: Planeta do Brasil, 2024. p. 147.

para evitar o tédio.* Em épocas de navegações intermináveis pela internet e de dopamina em alta, os textos de Fromm e Russell ganham nova luz.

Se você fosse perfeitamente feliz, não estaria lendo esta introdução. Mas calma! Não é uma crítica. Ninguém é perfeitamente feliz, e a falta é o princípio de toda reflexão e ação. Veja, mal iniciamos estas páginas e você já foi levado a refletir sobre o que é melhor: uma vida interessante ou uma vida feliz? Em seguida, já deve ter pensado em uma crítica à ideia de emoção e na questão da excitação como uma espécie de autoengano. Viu só? Em pouco tempo, alguns valores já foram abalados. E essa é a ideia. Afinal, perfectíveis e não perfeitos, continuamos na busca por valores e sentido. Ao longo deste livro, você encontrará muitos outros questionamentos que podem esclarecer seus próprios valores e sua luta pessoal por um sentido de felicidade.

* * *

Nosso texto nasceu de mensagens de WhatsApp (ainda que, em meio às nossas conversas, tenhamos nos encontrado pes-

---

* RUSSELL, Bertrand. *A conquista da felicidade*. 7. ed. Rio de Janeiro: Nova Fronteira, 2023. p. 44 e ss.

soalmente em São Paulo). Sim, é uma espécie de "romance epistolar". No passado, algumas obras foram pensadas na forma de "trocas de cartas entre os personagens". Como desenvolvemos ideias que foram enviadas por um aplicativo de comunicação de celular, mantivemos o local, a data e o horário como referências.

O método era dinâmico, por isso conservamos um tom menos tradicional do que em um livro concebido por uma única pessoa. Desejamos pensar, inclusive quando discordamos nos argumentos. Buscamos fazer pensar. Almejamos o conhecimento não dogmático, evitando linguagem excessivamente formal. Queríamos dialogar com mais gente e evitar o tom "professoral". Fomos felizes escrevendo, pensando e conversando.

Queríamos que o efeito feliz do pensamento também atingisse você, leitora, e você, leitor; a vida é sua, seu projeto de felicidade pertence a você e as ideias que registramos são para você aceitar, negar, adaptar e reformular. Portanto, comece o livro com uma certeza: não existe uma única pessoa no universo que possa dizer a você como ser feliz. Existem pensadores que ajudam na sua busca trazendo novas perguntas. Queremos colaborar com pás, mas a mineração continuará sendo sua — exclusivamente sua. Siga seu caminho pessoal.

1.
Ponto de partida: ser feliz é obrigatório?

São Paulo, 26 de fevereiro de 2025 | 7h

Leandro Karnal: Nunca houve tantas publicações sobre felicidade. Essa abundância indica dois caminhos.

O primeiro: estamos considerando felicidade como algo essencial, talvez obrigatório. Trabalhar implica felicidade. Queremos juntar o verbo "casar" com o substantivo "felicidade". Não conseguindo, demissão e divórcio, voltando ao jogo novamente, pois o defeito só pode estar em quem me contrata ou na pessoa que está ao meu lado. Ser feliz virou imperativo.

O segundo caminho interpretativo: deve ser possível atingir a felicidade. Brotam métodos, receitas e modelos.

"Necessária" e "possível": duas palavras que agora acompanham a tal da felicidade. Se você ainda não é inteiramente realizado, deve haver algum erro, pois seria seu direito existir neste planeta vibrando cada corda do alaúde da plena realização. Há uma chave. "Creia!", gritam livros, filmes e coaches.

Há alguns meses, preparando meu omelete matinal, esbarrei no aviso na embalagem: "Ovos de galinhas felizes." Sim! Agora não apenas eu devo ser feliz, mas as galinhas que colaboraram para meu café da manhã também precisam estar realizadas. Imaginei as aves alegres, plenas, cacarejando. Exibiriam sorrisos amplos se dentes tivessem.

Estaremos ficando obcecados com o tema? Uma doença coletiva? Um delírio de gente triste que harmoniza a face e desarranja a psique? Desfilar nas redes exibindo fotos editadas e mostrando uma aparência pública e colorida da existência em oposição à gente real deprimida?

Não foi sempre assim. Vamos retroceder em busca de clareza.

Há momentos nos quais o ideal de uma vida plena (associado à felicidade) estava vinculado à vida social e política. Vamos retroceder até a Grécia Antiga, por exemplo (século V a.C.). A pólis era um espaço de liberdade e de desenvolvimento das potências humanas. A política flertava com a felicidade, como indica Aristóteles, ao menos para os homens livres cidadãos. Ser feliz era integrar um lugar privilegiado, Atenas, considerando bárbaros os infelizes nascidos em outras terras. A vaidade etnocêntrica dos atenienses convivia com a exclusão da maioria: mulheres, escravizados, estrangeiros. Porém o cidadão ateniense interpretava a vida pública como o espaço da plenitude. O homem era um animal político — e grego. A felicidade passava pela liberdade da participação cívica.

A história transforma as sensibilidades. Os impérios helenísticos sufocaram e modificaram a concepção de democracia. A partir da ascensão de Estados mais poderosos e indivíduos menos participativos, ficou mais nítido que o grande plano coletivo perdera atenção. Não seria a praça pública a libertação. Ascenderam pessimismos variados, e a verdadeira felicidade se deslocou para o plano pessoal e privado. Diminuiu a República platônica, a política aristotélica se enfraqueceu e cresceram as propostas de Epicuro e dos estoicos.

O novo foco era o controle das próprias emoções! Um pequeno jardim com seus amigos se tornou a nova forma elevada de ser. Não é no fórum, mas na sua casa que o espaço harmônico deve emergir. A felicidade, então, entra na alma do indivíduo. Seu objeto deixa a floresta social e entra na era do bonsai de cada um.

De alguma forma, sempre tivemos períodos de busca de felicidade como projeto político amplo e outros momentos de foco na felicidade interior. Há uma chance elevada de que a multiplicação de livros sobre felicidade possa ter nascido de um descrédito da instância política. Cuidar da praça pública ou regar as rosas do seu jardim privado: são duas prioridades que se alternam em importância conforme aumentam as dificuldades da vida em comunidade. Seria possível imaginar que compramos mais autoajuda ao passo que deixamos de ler Aristóteles?

Vamos a um exemplo interessante: qual foi o filósofo mais poderoso do mundo? A resposta é clara: Marco Aurélio (121-180 d.C.), que governou o enorme Império Romano. Ainda havia esplendor naquele mundo, mas a decadência já se insinuava. O poderoso César estoico decidiu fazer anotações um pouco caóticas. Chamou-as *Meditações*, um dos mais populares livros de filosofia do Ocidente.

O que se pode esperar do texto de alguém que vive no Estado e pelo Estado? Uma obra política? Não! Seu foco foi a harmonia de cada indivíduo, a simplicidade, o controle de si, oferecendo pouca ou nenhuma análise do mundo dos senadores. Uma contradição? Talvez um registro de passagem: no apogeu do Império Romano, os filósofos estoicos foram banidos de Roma pelos governantes. Quando temos um governante estoico, ele exila a política do centro das suas preocupações. Isso ajuda a explicar a ascensão e a queda da felicidade possível e necessária. Porém não há luzes diretas sobre a própria ideia de felicidade ou se ela pode ser obtida. Aqui estão as questões: O que é a tal da felicidade? Pode ser obtida ou aumentada? Por que falamos tanto nela?

Rishikesh (Índia), 25 de fevereiro de 2025 | 12h25

Gustavo Arns: Bom começo, Karnal. Nunca na história tivemos tanto acesso à saúde, nunca vivemos tanto, nunca a renda *per capita* global foi tão alta, nunca produzimos tanta riqueza nem tanta tecnologia — ao mesmo tempo que nunca compramos tantos antidepressivos, ansiolíticos e remédios para insônia.

O gráfico a seguir mostra como a renda *per capita* nos Estados Unidos cresceu consistentemente entre 1946 e 1996 (apesar de ter sido distribuída de maneira desequilibrada) e como o nível de percepção de felicidade pelas pessoas não mudou quase nada.

Renda e felicidade nos EUA

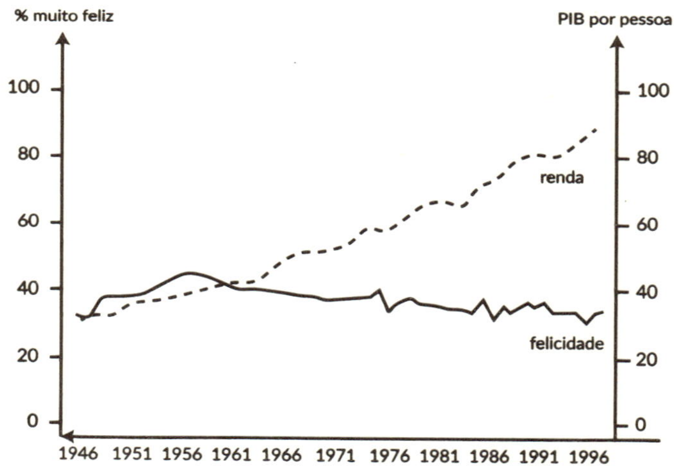

Fonte: Muers e Diener. *The Pursuit of Happiness (Mystery of the Mind)*. Scientific American eBook, 1996.

Este outro gráfico aponta a mesma conclusão, desta vez em estudo realizado no Japão.

Fonte: Frey e Stutzer. *Happiness and economics*. Princeton, 2001. p. 9.

Em 2014, a Organização Mundial da Saúde (OMS) começou a emitir alertas prevendo que a depressão se tornaria a maior crise de saúde pública global até 2020. A pandemia de coronavírus agravou ainda mais os quadros de saúde mental em todo o planeta. Dados recentes mostram o cenário alarmante:

- Transtornos como depressão e ansiedade já atingem cerca de 1 bilhão de pessoas no planeta, sendo 14% delas adolescentes (OMS, jun. 2022).*

* 1 bilhão de pessoas vivem com algum transtorno mental, afirma OMS. *ONU News*, 17 jun. 2022. Disponível em: https://news.un.org/pt/story/2022/06/1792702.

- O Brasil é o país que mais tem casos de ansiedade e depressão (USP, fev. 2021).*
- O brasileiro é o povo mais ansioso do mundo (OMS, jun. 2022).**
- A prevalência de depressão no Brasil é a maior entre as nações em desenvolvimento, com 10,4% de indivíduos atingidos (Harvard).***

Nesse cenário, cresce o interesse científico pela felicidade e pelo bem-estar. No final dos anos 1990, um psicólogo estadunidense chamado Martin Seligman assumiu a presidência da Associação Americana de Psicologia (APA) e fez um importante chamado aos psicólogos. Ele percebeu que, ao longo da sua história, a psicologia tinha basicamente se

---

* Casos de ansiedade não tratados podem tornar-se problemas de saúde mental mais graves. *Jornal da USP*, 21 mar. 2023. Disponível em: https://jornal.usp.br/radio-usp/casos-de-ansiedade-nao-tratados-podem-tornar-se-problemas-de-saude-mental-mais-graves/.

** CAPUANO, A.; SILVA, J.B. Brasil ocupa alarmante papel de destaque na atual epidemia global de ansiedade. *Veja*, 24 jan. 2025. Disponível em: https://veja.abril.com.br/comportamento/brasil-ocupa-alarmante-papel-de-destaque-na-atual-epidemia-global-de-ansiedade/.

*** Precisamos falar sobre depressão. Instituto de Neurologia e Neurofisiologia, 30 maio 2019. Disponível em: https://institutoneurologiacf.com.br/precisamos-falar-sobre-depressao/.

dedicado ao estudo de doenças como a depressão, o estresse, a ansiedade e a esquizofrenia, por exemplo, interessando-se muito pouco para compreender o lado positivo da vida humana. Surge, nesse momento, um campo de estudo chamado psicologia positiva, que passa a investigar a felicidade como objeto de estudo científico, fazendo questionamentos como: o que torna a vida significativa? Quais são os elementos importantes para uma vida boa? E, afinal, o que é que faz com que a vida valha a pena ser vivida?

Uma vida de qualidade não acontece simplesmente porque os Dez Mandamentos estão pendurados na sala. O que faz a vida valer a pena não é efêmero, nem resulta do estímulo momentâneo dos nossos receptores sensoriais. Não se pode confundir prazer, alegria e felicidade. E a psicologia positiva surge justamente para conceituar e destrinchar cada um desses termos.

Esse campo tem o suporte da neurociência, que, graças ao avanço da tecnologia, conseguiu mapear muito do que acontece dentro do cérebro humano: hormônios, neurotransmissores e toda uma complexa neuroquímica que desperta no corpo sensações e emoções. Conta também com o apoio da ciência das emoções, que, graças aos estudos do professor Daniel Goleman e à publicação do livro *Inteligência emocional*, em 1994, trouxe de volta para a academia o estudo das emoções. Atualmente, a ciência da felicidade é conhecida como um campo multidisciplinar que engloba estudos desses três campos, principalmente: psicologia positiva, neurociência e ciência das emoções, mas também da biologia genética, da sociologia, da arquitetura e da economia, além de resgatar conceitos da filosofia clássica e das tradições espirituais.

Vivemos um momento efervescente que tornou a felicidade popular (até demais?), cujo crescente índice de adoecimento passa a encontrar respostas científicas nos estudos da ciência da felicidade. O ser humano em sofrimento busca uma saída para sua angústia. Em uma realidade adoecida, em que o termo “relaxado” se tornou pejorativo, estamos todos em algum grau de burnout.

Enquanto isso, estudos empregando tecnologia de ponta estão trazendo descobertas científicas convergentes com antigas linhas de conhecimento espiritual e filosófico.

São Paulo, 26 de fevereiro de 2025 | 8h

Leandro Karnal: Excelente reflexão, Gustavo. Foi dada a largada! Comecei falando de uma felicidade política e pública em oposição a um enfoque privado. Você aprofundou, mostrando o paradoxo de uma era de avanços e abundância, com mais gente consumindo remédios contra a infelicidade.

No filme *Matrix* (1999), os humanos vivem um vasto mito da caverna de Platão. Os corpos reais estão em estado de suspensão e suas mentes vivem uma realidade virtual. As máquinas escravizaram os corpos para gerar energia, e o mundo virtual apresenta dramas e tragédias como os conhecemos. Uma máquina explica que, no começo, fizeram a simulação ser um paraíso: sem dor, doenças, desigualdades, tragédias. O resultado foi um desastre; os seres humanos não conseguiam viver naquela simulação. Tal como o casal fundacional, Adão e Eva, sem o erro não existe história. Segundo o filme das irmãs Wachowski, nossa espécie só existiria em conflito. A história humana ganhando o sustento com o suor do rosto ou parindo na dor se desenvolve após a breve experiência no Éden.

No campo pessoal, conheci muitos casais que, como costuma acontecer, começaram do nada, passando, durante anos e anos, por empregos ruins, vivendo em espaços pequenos e atravessando a crise econômica da vez, com a escassez rondando a todo instante. Lentamente, e com muito trabalho, conseguiram evoluir financeiramente. Então compraram um apartamento maior e um carro mais potente, e agora podem viajar mais. E justamente quando o cenário fica bom, o elenco se dissolve: eles se separam. Na luta inicial havia mais foco e algo a conquistar. Aparentemente, o conforto parece desestabilizar algumas uniões. Claro, não se trata de estudo científico, apenas uma opinião nascida de casos conhecidos. Mas voltemos à história.

Os judeus historicamente vivenciaram terríveis tragédias e genocídios. De Nabucodonosor destruindo o templo de Salomão e levando a elite do Povo Eleito para o exílio até o horror do Holocausto no século XX, sua história é de sangue, suor e lágrimas. Entre uma mortandade e outra, produziram a Bíblia, Maimônides, Kafka, Chagall, Freud e Einstein, apenas para citar algumas referências. O pensamento lógico seria: apesar da violência ostensiva, foi possível fazer ciência, literatura e arte. Outro caminho seria instigante: seria exatamente por causa da dor que produziram tanto? (Isso me faz lembrar do livro do meu amigo Rubem Alves, *Ostra feliz não faz pérola*.) Há mais suicídios na Suécia e no Japão de hoje do que em muitos países pobres e com guerras civis.

Um caminho para você, que é um pesquisador da felicidade, seria pensar: as facilidades contemporâneas acessíveis a alguns seriam a causa maior do aumento do consumo de antidepressivos? Um mundo com analgésicos, comida e facilidades de entretenimento seria uma porta para uma tristeza muito maior?

Para dar mais substância ao debate, vamos a outro exemplo pessoal. Tem uma obra do lado do meu prédio agora. Os trabalhadores da construção civil cantam, tiram sarro uns dos outros, fazem piadas o dia todo. O trabalho é duro e, imagino, de baixa remuneração. Quando visito um escritório de especialistas em mercado da avenida Faria Lima, aqui em São Paulo, a tensão está no ar — ainda que os ganhos sejam obviamente maiores do que no canteiro de obras. Será que as máquinas da Matrix estão corretas? O paraíso seria estranho a nossa espécie? O que as pessoas podem estar dizendo quando afirmam que buscam a felicidade? Se a encontrassem, seriam capazes de degustá-la?

Nova Delhi, 27 de fevereiro de 2025 | 13h

Gustavo Arns: Sou um grande fã dos filmes da franquia Matrix, especialmente do primeiro, que levanta tantas questões filosóficas e existenciais profundas. De certa forma, a vida no piloto automático é uma vida dentro da Matrix.

O psicólogo francês Pierre Weil, fundador da Unipaz, Universidade Holística Internacional da Paz, instituição de ensino superior na área de cultura da paz sediada em Brasília, criou o conceito de "normose", a patologia da normalidade: aceitamos uma realidade doente e lutamos para protegê-la. Estamos no piloto automático ou presos à Matrix quando não refletimos conscientemente sobre a nossa existência.

Aristóteles diria que "uma vida não examinada não vale a pena ser vivida". Isso significa que a saída do labirinto, e também o caminho para a construção de uma vida que realmente vale a pena ser vivida, é o autoconhecimento. Sem ele, somos arremessados entre ideias prontas do que é felicidade: acúmulo de bens materiais, corpo perfeito, fama, poder, dinheiro e uma infinidade de outras propostas oferecidas pelas grandes indústrias. Se você não está refletindo sobre a sua felicidade, pode ter certeza de que alguém está fazendo isso por você. E veja: nada há de errado com a realização profissional e o sucesso, muito pelo contrário; o problema está na crença de que tudo isso por si só nos tornará pessoas felizes.

Quando você pergunta se um mundo com analgésicos, comida e facilidades de entretenimento seria a porta para uma tristeza muito maior, lembro da reflexão de Gilles Lipovetsky no seu livro *A felicidade paradoxal: ensaios sobre a sociedade de hiperconsumo*. Ele argumenta que o acesso ao conforto material, como sociedade, não nos aproximou da felicidade. Há tanta ansiedade, tanto estresse, tanta angústia e tanto medo, que a abundância não consegue proporcionar um sentimento de completude. Vivemos um vazio e fantasiamos sobre o que nos preencheria. Assim, nós nos tornamos dependentes dos nossos desejos. Quantas cirurgias plásticas serão suficientes? Quanto dinheiro na conta bancária? Quantos novos acessórios e experiências?

Você quer um corpo sarado, mas não tem tempo nem disciplina para ir à academia. Gostaria de viver uma experiência gastronômica diferente, mas está contando as calorias e tem de lidar com as alergias alimentares. Deseja trabalhar menos, mas quer viajar para o exterior. A culpa é uma constante no nosso complexo estilo de vida. Para esquecer tanta angústia, a aposta é o consumo. O senso comum diz que se não tivermos vivido essa ou aquela experiência, teremos perdido nossa vida. E assim as atividades se amontoam, cada segundo da agenda é preenchido com "algo produtivo". Nessa luta contra o tédio, nessa busca incansável e viciada pela novidade, pela fuga da rotina, estamos aprisionados.

Estamos mais fugindo das nossas angústias do que realmente trilhando um caminho de bem-estar. Quando nos medicamos, estamos encobrindo o sintoma; dessa forma, nunca chegamos à origem. Como diz Hipócrates, pai da medicina: "Antes de curar alguém, pergunte se essa pessoa está disposta a abrir mão do que a deixou doente."

Se "felicidade" é a palavra da moda e, como você bem disse, quase uma obrigação, talvez a questão mais importante a ser pensada seja de que felicidade estamos falando.

Rio de Janeiro, 27 de fevereiro de 2025 | 16h

Leandro Karnal: Adorei a referência à normose de Weil. Ele viveu entre fronteiras: Ocidente e Oriente, Europa e Brasil, ciência e religião. Nasceu em Estrasburgo, uma região que pertenceu à França e à Alemanha em jogos sucessivos de poder. Estava acostumado a lidar com o contraditório e as traduções culturais necessárias.

Eu me sinto identificado com a geração que se obrigou a muitas traduções — no meu caso, nascer em um mundo analógico e amadurecer em um mundo digital. Houve também a transição de um padrão de felicidade: no passado, ser feliz era ter emprego estável, família tradicional, um curso superior e uma renda suficiente. Hoje, o emprego escasseia, os modelos de família pipocam, um diploma superior não garante mais nada e o que seria "renda suficiente" é alvo de debates. Fazer bons vídeos na internet pode gerar mais dinheiro do que diplomas em universidade tradicionais.

O mundo atual precisa de *passeurs*. Aprendi o termo com Serge Gruzinski, historiador especialista em América Colonial. O *passeur* é o bilíngue total, aquele que conhece a cultura cristã e a indígena, por exemplo, e comunica uma à outra. O bilinguismo aqui é tanto da comunicação como de valores culturais. Hoje, precisamos ser mais comunicadores entre esferas de diferença; por exemplo, falar com a geração X ou Z. Em reuniões familiares, criar ambientes bons para avós e netos; em redes sociais, falar com gente muito distinta social e culturalmente. E o que isso tem a ver com a felicidade?

Ser feliz hoje implica maleabilidade entre o mundo individual e o dos outros. Ser feliz implica diálogo. Estamos falando de uma felicidade de conexões. É consenso que relações fortes, boas conexões, são elementos de longevidade e de qualidade de vida. Só é possível ter boas conexões com boa capacidade de convívio e de comunicação entre diferenças. E é aí que entra o *passeur*. Para uma amizade que dure talvez vinte anos, é preciso plasticidade, transformação e entendimento de que o mundo que existia no começo dessa amizade está mudado.

A humanidade no universo das telas e mensagens eletrônicas, dos áudios pasteurizados e emojis, não dialoga. Tenho mais clareza na negativa: sei o que *não* nos torna felizes mais do que sei o que nos torna. Entendo que excesso de telas produz um ar rarefeito de afetos; percebi que estava mandando mensagens rápidas de aniversário para pessoas importantes para mim; tive de reagir a um afastamento/enfraquecimento das minhas relações por causa dos afetos virtualizados; precisei diminuir o virtual para restaurar o virtuoso. A virtude da amizade está no contato real. Um pouco menos de virtual e mais de virtudes como a amizade é um passo prático de felicidade. Felicidade não é dom nem presente dos céus — é cultivo. O primeiro passo é dado pelos filósofos gregos e seu elogio quase generalizado à virtude da amizade. O homem, animal social e político, não pode se isolar de todos. Não somos feras nem deuses, duas categorias aristotélicas da autonomia. Somos humanos, e a presença de outros humanos em comunicação e convívio real é o alicerce de outras construções do projeto felicidade.

Você disse que a depressão era um risco crescente no mundo contemporâneo. As conexões humanas mais sólidas ajudam a evitar a depressão ou, caso já tenha se instalado, a diminuir sua intensidade. Depressão é doença e não segue lógica absoluta. Porém tenho certeza de que bons amigos ao menos serviriam para sugerir que se "busque ajuda profissional".

É preciso respeitar todas as pessoas que cruzam nosso caminho. Na minha interpretação, não preciso amar todo mundo, apenas respeitar. Com um círculo bem menor, o dos amigos, aí sim constituo o respeito entretecido de confiança, afeto e intimidade. E as amizades não precisam ser perfeitas, apenas sólidas e confiáveis. É possível se irritar com o gesto de um amigo — e também conversar a respeito.

Indiquei relações sólidas para longevidade e felicidade. Você teria outra sugestão?

Nova Delhi, 28 de fevereiro de 2025 | 20h40

Gustavo Arns: Excelente reflexão. Estamos adentrando o campo das práticas, o que pode ser um novo capítulo.

O que foi dito até aqui?

- A felicidade está no centro dos debates contemporâneos e é considerada por muitos como possível e até indispensável.
- Ao longo das últimas décadas, o avanço tecnológico, a ampla oferta e disponibilidade de serviços e de recursos, bem como o crescimento da prosperidade material, não foram acompanhados pelo aumento da felicidade.
- Há um preocupante aumento no consumo de medicamentos para combater ansiedade, estimular sono ou produzir bem-estar.
- A felicidade já foi concebida como política e social e, em outros momentos, como uma construção pessoal.
- Sem autoconhecimento, seguimos ditames da moda sobre consumo e aparência em uma busca vazia por felicidade.
- Relações significativas colaboram muito para a longevidade e a felicidade.

2.
Ser feliz é possível?

Nova Delhi, 28 de fevereiro de 2025 | 20h40

Gustavo Arns: Como você falou em virtude, não podemos deixar de lembrar de Aristóteles, cujas ideias são a base da psicologia positiva. Grande estudioso do tema, ele decretou que a virtude das virtudes é a felicidade. Sobre o nosso tema central, ele fez uma distinção entre a felicidade hedônica (externa) e a eudaimônica (interna). Mas deixarei que você, Leandro, aprofunde um pouco mais sobre isso.

Menciono essa distinção para trazer um conceito da pesquisadora Sonja Lyubomirsky dentro da psicologia positiva, que define felicidade como a experiência de alegria, contentamento ou bem-estar positivo combinada com a sensação de que a vida é boa, significativa, e vale a pena. Esse conceito moderno resgata a ideia aristotélica: a experiência de alegria é externa, independentemente se grande ou pequena, material ou imaterial — o nascimento de um filho, uma grande realização profissional, uma viagem de férias, um jantar em um restaurante bacana ou mesmo a compra de um objeto necessário. A sensação de que a vida vale a pena é interna, independe de qualquer fator externo. É preciso lembrar que o que faz a vida valer a pena não é efêmero, transitório nem passageiro, e deve ser objeto de autoestudo minucioso.

O líder espiritual indiano Sadhguru afirma que se sua felicidade depende daquilo que está acontecendo externamente, você será sempre dependente das situações externas. Como bem disse, Leandro, felicidade não é um dom, é um cultivo.

A ciência vem usando a palavra "construção". Quando falamos em "construir felicidade", assumimos a nossa autorresponsabilidade no processo. Deixamos de culpar o outro pela nossa infelicidade e compreendemos que temos escolhas. Trago o conceito do professor de Harvard Tal Ben-Shahar, dentro do aspecto do bem-estar subjetivo, para quem a felicidade é a combinação de bem-estar físico, emocional, intelectual, relacional e espiritual. Você mesmo já descreveu, brilhantemente, a importância do construto do bem-estar relacional e do cultivo da amizade. Esse talvez seja de fato o componente singular mais importante para nossa felicidade.

O elemento que está mais sob nosso controle talvez seja o bem-estar físico. Fisicamente saudáveis temos disposição, ânimo e energia para cuidar dos demais elementos do bem-estar. O tripé básico é constituído por sono, alimentação e exercícios físicos.

É importante dizer que um diagnóstico de uma doença grave ou terminal não é um impeditivo para a construção de bem-estar físico, que deve ser olhado a partir das condições de cada indivíduo. Aliás, ouvi relatos emocionantes de pessoas enfermas questionando a noção do que significa esse termo. Quero seguir aqui apontando alguns estudos que podem aprofundar nosso conhecimento e nossa reflexão.

Os estudos mais modernos da ciência da felicidade combinam neurociência e nutrição e mostram que, muito além de o intestino ser o nosso "segundo cérebro", pela quantidade de neurônios que comporta (mais de 500 milhões), a comunicação se dá 90% do intestino pro cérebro e apenas 10% do cérebro pro intestino. Isso quer dizer que toda a alimentação que ingerimos dispara uma neuroquímica que chega a todo o nosso corpo.* Tais estudos apontam que a alimentação ultraprocessada nos entristece. Uma microbiota equilibrada e o cuidado com os alimentos inflamatórios são determinantes não apenas para nossa saúde, mas também para nossa felicidade.

A partir dessa conexão cérebro/intestino, a ciência está estabelecendo toda uma conexão corpo/mente, que é objeto de debate filosófico e esotérico há milênios. Atualmente, a neurociência também sabe que muito mais importante do que os fatos em si é como reagimos a eles. Nossa forma de enxergar a realidade determina como nos sentimos. Ou seja, existe um impacto fisiológico a partir dos nossos pensamentos.

Outro aspecto fundamental do nosso bem-estar físico é o sono. Enquanto dormimos, produzimos um hormônio chamado melatonina, responsável pela função reparadora do sono. Preocupações afetam a produção da melatonina — quem já não dormiu preocupado e acordou com a sensação de que nem descansou direito? Por isso é fundamental

* LANE, M. et al. Ultra-Processed Food Consumption and Mental Health: A Systematic Review and Meta-Analysis of Observational Studies. *Nutrients*, v. 14, n. 13, p. 2.568, 21 jun. 2022. Disponível em: https://pmc.ncbi.nlm.nih.gov/articles/PMC9268228/.

cuidar da higiene mental antes de ir para a cama. Outro obstáculo para a produção da melatonina são as telas (de celulares, tablets, TVs), brilhantes à noite. Os cuidados devem envolver se desconectar das telas brilhantes pelo menos meia hora antes de deitar.

Por fim, nunca é demais lembrar que o uso excessivo das telas é um grande empecilho para a felicidade. Muitas pessoas se sentam no sofá e pegam o telefone para descansar ou relaxar. Porém o tempo no celular não é de descanso, pois o cérebro continua ativo, não importa se você está simplesmente rolando o feed ou envolvido com algum joguinho. Perceba como o tempo no celular é algo cansativo. É importante ser capaz de entender o que pode ser verdadeiramente relaxante. Alguns precisam de um tempo em silêncio, outros preferem uma festa agitada, talvez uma volta no parque ou um encontro com a natureza. Como diz o filósofo coreano Byung-Chul Han, um grande defensor do ócio: "O excesso de estímulo e informação nos impede de viver a profundidade da experiência. A pausa é resistência. A pausa é liberdade. Sem pausa, a vida se torna mero desempenho."

Se o bem-estar físico é facilmente mensurável, o bem-estar emocional já é um pouco mais sutil. Por vezes, nem bem sabemos o que estamos sentindo. Somos tão analfabetos emocionais que confundimos fome com ansiedade.

Porto Alegre, 2 de março de 2025 | 15h30

Leandro Karnal: Começamos a tornar o jogo mais complexo. Sua frase final é ótima.

Comecei nossa jornada opondo felicidade pública e busca interior, entre um ideal clássico e um modelo mais estoico. Você traz o conceito de eudaimonia. O problema é que a paz e a plenitude do ser, virtudes associadas à eudaimonia, são tanto de Aristóteles como dos estoicos. Nem sempre podemos tornar sinônimos eudaimonia e felicidade. Não é nosso objeto, mas há mais de um tipo de eudaimonia em filosofia. Em todo caso, uma certeza: alegrias passageiras não pertencem ao universo da eudaimonia. Vou desenvolver um pouco essa questão.

O mundo é cheio de dor e de injustiças. Como posso ser feliz se há pessoas passando fome e violências enormes ao meu redor? Como terei um sono reparador na minha cama segura se há pessoas em situação de rua? Como estarei confortável em um mundo de dores? Por um lado, revolucionários, em geral, acreditaram que a única possibilidade de ser feliz é lutando até o fim por um mundo melhor. Ao me engajar em uma jornada pela igualdade social, ou contra a corrupção, ou pela dignidade do feminino, eu estaria do lado da justiça, que garantiria boa consciência e tranquilidade. Em contrapartida, há os que dizem que não posso controlar o universo, apenas a minha reação a ele. Cabe-me evitar o mal com a consciência de que há elementos que não controlo. Minha vigilância deve ser sobre meus atos, mais do que sobre a paz universal.

Vamos trazer para o debate Luc Ferry, filósofo e político francês que escreveu um texto com título e jeito de autoajuda: *7 maneiras de ser feliz*. Diferentemente do que essa proposição nos faz crer, trata-se de uma obra de reflexão e divulgação filosófica. O texto começa com boas provocações e extrai da correspondência de Flaubert esta frase: "Ser imbecil, egoísta e ter boa saúde: eis as três condições necessárias para ser feliz. Mas, se a primeira lhe faltar, tudo está perdido." Veja que golpe na ideia de felicidade, Gustavo. Para ser feliz é necessário ser burro, importar-se pouco com os outros e ter alguma saúde. Todavia, a estupidez é essencial. Felicidade pertenceria aos idiotas, uma definição antifilosófica e anticristã. Para os grandes pensadores, a vida feliz implica reflexão; para os cristãos, amar o próximo é essencial para alcançar o bem-viver. Para Flaubert, o melhor é pensar pouco, pensar somente em si e cuidar um pouco da saúde — eis o tripé da vida feliz. Claro que a frase é uma provocação.

Mais adiante em seu livro, Ferry desenvolve os argumentos pró e contra a felicidade em um mundo de tragédias e dores. Mesmo que o negativo sempre vá existir, a felicidade deveria assumir uma posição brilhante para melhorar o que nos rodeia. Ser feliz poderia ser um ato de "redenção" (a palavra é minha, não de Ferry). Seguindo o caminho de Frédéric Lenoir, Ferry aponta o remédio quádruplo de Epicuro (tetrafármaco), que sintetizo assim: os deuses não se ocupam da nossa vida; a morte não é um mal; devemos buscar os desejos naturais e necessários; e os sofrimentos são breves. Para tudo sempre existe a lembrança dos dias felizes. Lenoir acrescenta o "sim sagrado à vida" de Montaigne. Devemos "compensar a brevidade da existência com a qualidade e a intensidade das nossas experiências". Isso nos levaria a enfrentar a morte sem arrependimentos. As coisas são assim e isso vai gerar, em maiores voltas do pensamento, o *amor fati* de Nietzsche. Quase todos apontam o apego ao momento atual, sem excesso de remorsos do passado ou angústias do futuro.

Recomendo a leitura dos livros de Ferry em geral e deste em particular, *7 maneiras de ser feliz*. Gostaria de acrescentar algo muito simples e que pode ajudar neste caminho prático. Felicidade é diferente de alegria; infelicidade se afasta do conceito de tristeza. Felicidade e infelicidade precisam de recortes longos de tempo, quase uma vida toda. São como o clima, que muda ao longo de muitos e muitos anos. Alegria e tristeza são como a chuva ou o vento: ocorrem e passam. Toda vida implica oscilações de alegrias e tristezas. Uma doença, a perda de um parente, um fracasso profissional são motivo de tristeza.

Porém a dimensão trágica da existência, as mazelas do mundo, os dardos do destino são acidentes. Uma pessoa pode ser feliz e estar chorando pela perda da mãe. Eu me considero feliz e perdi pai e mãe. Minha dor foi profunda, mas jamais apagou o fato concreto de que senti tristeza porque fui amado e amei. A dor da ausência é amor com vetor trocado. Por ser feliz, por ter tido pai e mãe amorosos, pesou-me o luto por ambos. Estou órfão e sinto falta deles; isso não pode ser evitado. Porém minha vida segue, graças ao amor que recebi e aos exemplos que cultivo. A semente morreu para que a árvore frutificasse. Sinto falta e sou feliz. Mais: ter perdido pai e mãe me deu um profundo sentimento de valorização dos parentes e amigos ao meu redor. Agora sei que as vidas passam e tenho de me esforçar para que sejam muito significativas. Passei a gostar mais ainda dos meus afetos por sabê-los, como eu, efêmeros. Cada instante conta. Na infância, meus pais eram imortais, e a felicidade era como a água para um peixe — um dado natural e abundante sobre o qual nem existe espaço para ponderação. Agora, na maturidade, sei que a água pode escassear. É difícil saber se sou mais ou menos feliz do que na infância; só sei que estou mais consciente do caráter passageiro de tudo.

Curitiba, 3 de março de 2025 | 19h15

Gustavo Arns: Sua construção me lembrou algo que a monja Coen disse no II Congresso Internacional de Felicidade: a felicidade pode ser um grande pano de fundo para nossas vidas. Diferentemente das pequenas alegrias e do divertimento, a felicidade seria mais estável. Ela, assim como você, mencionou como podemos ser felizes até mesmo nos momentos de luto.

É preciso frisar que o luto faz parte natural da vida humana, e é saudável que se passe por ele em todas as suas doloridas etapas. O luto e a saudade são um bom sinal de que o tempo empregado no passado foi bem utilizado e que, mesmo nesses momentos difíceis, é possível se sentir grato pelo tempo vivido com as pessoas amadas e, a partir da gratidão, enfim se conectar com a felicidade.

A monja nos lembra do conceito budista de contentamento, que muito se assemelha a essa felicidade madura que chega após passarmos por experiências tais como a perda de entes queridos, pois isso traz um olhar mais amplo sobre nossa existência. O contentamento, assim como a felicidade eudaimônica, independe de fatores externos — você pode estar contente em um barraco ou infeliz em um castelo. Para o budismo, cabe a nós criar as causas e condições favoráveis para o florescimento da felicidade, sem esquecer que as dores também fazem parte da vida.

É interessante perceber como essa construção se opõe à visão dualista que afirma que a felicidade não existe. Nessa concepção, o que existe são momentos felizes, que reconheço porque sei o que são momentos infelizes. Estamos aqui justamente percebendo que a felicidade não é um momento; ela vai além da transitoriedade momentânea.

Para a neurociência, a felicidade não é uma emoção, e sim um estado no qual diferentes emoções são possíveis.

É possível se sentir alegre e triste ao mesmo tempo. Recentemente, um casal de amigos mandou uma foto de sua filha que estava terminando a pré-escola. Na formatura, crianças de 6 anos estavam de beca e capelo. Os pais, emocionados, não puderam conter as lágrimas, orgulhosos pela formatura da filha e nostálgicos com o crescimento da sua menininha.

A palavra "emoção" vem do latim *emovere*, que remete a movimento. Este é o papel das emoções: colocar em movimento, comunicar algo. A tristeza, por exemplo, tão importante quanto a felicidade, talvez signifique que algo na vida não está alinhado com os interesses mais profundos da alma. Uma vida mais feliz não é uma vida ausente de tristezas. Isso seria humanamente impossível, não seria nem saudável. A tristeza pela perda de um ente querido nos lembra da finitude, traz urgência aos afetos, faz-nos repensar nossas vidas em torno do que é realmente essencial.

Portanto, a tristeza é bem-vinda, e a tentativa de sufocá-la traz apenas uma "positividade tóxica", termo que se refere à crença exagerada de que a felicidade é mais importante, negando ou reprimindo outras emoções, como tristeza, raiva ou medo, consideradas "negativas". Essa pressão para estar sempre feliz pode inclusive ser prejudicial à saúde mental, causando ansiedade, depressão e esgotamento.

A positividade tóxica se torna um mecanismo de defesa que evita a experiência de emoções importantes e a resolução de problemas.

Uma vida mais feliz definitivamente não é uma vida livre de tristezas, mas sim uma vida em que eu desenvolvo inteligência emocional para lidar com as emoções desafiadoras.

Por muito tempo, a ciência pautada por Descartes (penso, logo existo) ignorou o papel das emoções como se fossem uma herança animal a ser reprimida. Daí a ideia de que somos completos analfabetos emocionais, além de não sabermos o que estamos sentindo e não termos ferramentas nem estratégias para nos regularmos emocionalmente. Hoje sabemos que as emoções não são positivas ou negativas; as emoções são neutras, e cada uma cumpre um importante papel para nossa sobrevivência. Sabemos também que primeiro temos um pensamento e a emoção surge logo em seguida, e a partir daí se retroalimentam.

Por não estarmos atentos ou conscientes, acabamos incapazes de perceber os gatilhos das emoções que queremos evitar e somos arrastados pelas nossas reações. Por isso a auto-observação é tão importante. Existe um debate científico em torno do número de pensamentos que temos por dia. Um estudo de 2020 indica cerca de 6 mil pensamentos diários, majoritariamente negativos.* Mesmo não estando conscientes desses pensamentos, eles operam uma neuroquímica que guia as nossas emoções ao longo do dia. Quanto mais identificados a essas histórias que os pensamentos nos contam, mas somos arrastados pela emoção adjacente. Isso forma um ciclo negativo: pensamos em algo triste, sentimos tristeza, e então pensamos em mais coisas tristes.

À medida que somos capazes de, a partir da auto-observação, perceber que não somos aquilo que pensamos, e que nem mesmo aquilo que pensamos é a verdade sobre nós mesmos, temos a possibilidade de nos distanciar um pouco dessas histórias e de lidar melhor com as emoções que surgem. Reagir a uma emoção é automático e inconsciente. Alguém te xinga no trânsito e você devolve o gesto; seu chefe, de mau humor, critica seu relatório; um cliente reclama do seu serviço; e chegando em casa cansado você briga com as crianças. Assim passamos nossos dias, sendo arrastados pelas situações e emoções do cotidiano.

A regulação emocional é um processo que pode atenuar o impacto de uma emoção mais desafiadora (como a

---

* TSENG, J., POPPENK, J. Brain meta-state transitions demarcate thoughts across task contexts exposing the mental noise of trait neuroticism. *Nat Commun*, v. 11, p. 3.480, 2020. Disponível em: https://doi.org/10.1038/s41467-020-17255-9.

raiva ou o medo) ou de manter e estabilizar uma emoção que se queira prolongar (como a alegria). Dessa forma, em vez de reagir automática e inconscientemente, podemos agir de maneira autônoma e consciente. Uma técnica muito eficiente é prestar atenção ao que acontece no presente, "usando de autocontrole da atenção com uma atitude de curiosidade, abertura e aceitação", definiu Scott Bishop.

A emoção deixa de ser um problema a ser resolvido, e cortamos a ruminação de pensamentos negativos, questionando certas afirmações internas, parando de lutar contra o que estamos sentindo e simplesmente aceitando-a como parte natural da existência humana. Mesmo que sejam aquelas emoções que nos ensinaram como "feias" — a inveja, por exemplo. Quando sentimos algo dessa natureza, acabamos também sentindo culpa por achar que não deveríamos sentir isso. E ao aceitar o que sentimos como natural, abrimos um espaço novo e exploratório, e refletimos sobre o que, afinal, significa a inveja. Talvez você não esteja plenamente satisfeito com seu trabalho ou seu relacionamento íntimo. Praticando a auto-observação com aceitação, abertura e curiosidade, e sendo honesto consigo, é possível reconhecer as insatisfações. E aí, com um pouco de coragem, você pode fazer as mudanças necessárias a fim de desbloquear aquilo que impedia a felicidade. Muitas vezes, nenhuma mudança externa é necessária — apenas uma atitude mental interna diferente já é suficiente.

O budismo nos ensina que a vida é uma contínua sucessão de situações agradáveis e desagradáveis. Aceitar que a dor é inerente e viver a vida a partir dessa compreensão é criar as causas e condições para a felicidade. Aceitar a frustração, por exemplo, como uma professora, em vez de algo a ser evitado, abre espaço para um aprendizado que pode ser doloroso, mas que nos leva a um alargamento de nós mesmos e da nossa compreensão da vida. Trungpa Rinpoche nos lembra que, ao abrir mão da tentativa de controlar cada detalhe das nossas vidas, nos abrimos para as maravilhas e os presentes que a vida nos traz. Para isso, é preciso estar presente mesmo no sofrimento, de maneira a observá-lo sem necessariamente se identificar com ele.

São Paulo, Quarta-Feira de Cinzas, 2025 | 5h

Leandro Karnal: Suas ideias estimulam meu cérebro a refletir, Gustavo. Como pesquisador do tema com influência da psicologia positiva, talvez isso o aproxime de dois sistemas: o estoico e o budista. Com certa generalização — ambos insistem na responsabilidade diante do pensamento. Somos, em grande parte, o que pensamos e o que nos permitimos pensar. Não é possível controlar o mundo, mas é possível ter maior autonomia sobre como as coisas externas atingem a mente. A dor e a tragédia estão aí. A maneira como me afetam, insistem os dois grupos, depende de uma disciplina da mente. Isso ajuda a explicar o sucesso de pensadores identificados com o budismo e com as linhas de pensamento estoicas. Aliás, como leitor da escola estoica, percebo que hoje muita gente usa trechos de Epiteto ou de Marco Aurélio em uma linha quase de autoajuda. A internet popularizou o estoicismo e o aproximou de uma visão de mundo "farialimer", termo que se consagrou em São Paulo para falar de jovens de pensamento liberal que acreditam na meritocracia de forma forte ou até absoluta. Vamos matizar.

Nem sempre é possível controlar os pensamentos e selecionar só os positivos. Há pessoas com características psíquicas que não conseguem ter esse controle mental. Um exemplo crescente seria a depressão, especialmente os casos graves. O depressivo é incapaz ou tem muita dificuldade para superar os pensamentos negativos e até autodestrutivos. A crença na autonomia universal da racionalidade é uma fantasia de poder do ego contemporâneo. Alguns podem, e com limites; mas nem todos conseguem. Para outros, é algo impossível sem tratamento e muito apoio especializado.

Recentemente li alguns livros que tratam de mentes atípicas. *Estranhos a nós mesmos: histórias de mentes instáveis*, de Rachel Aviv, é um depoimento forte sobre humanos que lidam com neurodivergências, como a própria autora. Eu diria, de forma didática e indo além do que a Aviv coloca, que muitos sistemas educacionais e de orientação consideram que todos seríamos automóveis com freios, acelerador e outros recursos disponíveis. Bem, há carros (e pessoas) sem freios e incapazes de medir a aceleração. Importante: para muitos casos, existem bons tratamentos psicológicos e psicanalíticos, e até medicamentos. Com bons profissionais, podemos diminuir os problemas. Como professor, tenho de insistir: a escola deveria ser mais sensível às muitas neurodivergências e jamais pensar o sistema apenas para um modelo plenamente funcional de veículo. Há carros com incapacidade de parar antes de bater em um muro, voltando à metáfora automobilística.

Li dois textos da dra. Anna Lembke. Ela é uma especialista norte-americana em pessoas com vícios. *Nação dopamina* trata das compulsões ampliadas pelo mundo contemporâneo. Um bom exemplo trazido por Lembke é sua classificação de um quarto de hotel como uma "gaiola de Skinner". B. F. Skinner (1904-1990) foi um psicólogo que analisou os condicionamentos que fazem do livre-arbítrio algo de que duvidar. Há muitas experiências com ratos em laboratório para analisar castigo e recompensa como bases de ações. Por exemplo, para alguém sozinho em um quarto de hotel (situação que pode ser desestruturante) e que tem, a sua disposição, chocolates, bebidas e televisão, há quase que uma obrigação de consumir. Para quem tem alguma compulsão por doces, estar sozinho e com chocolates processados vira uma "gaiola" — e essa pessoa é o ratinho do teste. A capacidade de uma pessoa compulsiva resistir a uma situação como essa é menor do que a de quem não tem essa característica. Não se trata de força de vontade.

Outro livro da dra. Anna Lembke, *Nação tarja preta*, é sobre o uso excessivo de medicações que favorecem mais o lucro de alguns médicos e da forte indústria farmacêutica do que a necessidade integral dos pacientes. Se uma pessoa tem alguma característica mental específica e ainda está intoxicada de muitos remédios, sua capacidade de escolha pode diminuir ainda mais.

Importante: você é ou se considera neurotípico? Mesmo nesse caso, sua liberdade tem limites. Experiências traumáticas de infância e gatilhos variados e incontroláveis para surtos de raiva (no trânsito ou no supermercado, por exemplo) podem indicar que sua liberdade e estabilidade não são pétreas. Em resumo, nem todos podem decidir livremente, e alguns que podem não o fazem com 100% de liberdade. Dito isso, todos podemos melhorar. Acredito no aperfeiçoamento pessoal e na educação da vontade. Funciona para muita gente, não para todos.

Concordo que os pensamentos devem ser observados. Tornar-se "senhor de si" em grau absoluto é uma utopia; porém é possível aumentar nossa "autonomia" sobre o campo da nossa mente. Talvez ninguém seja 100% senhor de si, mas alguns se aproximam de zero e outros conseguem 60%. O caminho é pensar que, assim como alimentos ruins intoxicam o corpo, pensamentos ruins fazem o mesmo com o cérebro e comprometem um projeto de eudaimonia. Vou fazer uma distinção que pode ser útil: quando faço uma crítica, procuro uma solução que me inclua na resolução do problema. Ao reclamar de algo, geralmente estou fora da questão. A crítica pode ser construtiva; a reclamação é um veneno inútil. Exemplo: o trânsito em São Paulo é ruim.

Assim, se eu penso racionalmente, tentarei encontrar horários alternativos ou meios de transporte menos estressantes. Posso também fazer críticas a um plano viário, incentivar campanhas por mais metrô ou ônibus e menos carros etc. Quando consigo, evito dirigir; mas nem sempre é possível. Se não há alternativa e preciso enfrentar momentos longos no carro, no táxi ou no ônibus, reclamar não acelera o fluxo. Ouço música, um podcast ou um livro. O problema estará no mesmo lugar, mas minha atitude evitará um agravamento da questão. Devo transformar a vontade de reclamar em ação. Nisto os estoicos e os budistas estão corretos: não se controla o mundo, apenas sua reação a ele.

No momento em que escrevo, precisando de concentração em plena Quarta-Feira de Cinzas, a obra do prédio ao lado segue firme. Tenho a sensação de que há furadeiras no meu teto. Moro em São Paulo; sempre haverá uma obra aqui até a data do Juízo Final. Posso parar de escrever e reclamar, posso me irritar, gritar com os trabalhadores. Eu digito, eles furam, todos temos boletos. Prefiro colocar fones. Também comprei uma cera moldável ao ouvido que garante o silêncio. O que era um barulho enorme fica muito menor. Eu o sinto, ele está lá, e, em vez de deixar a raiva me dominar, incorporei a experiência à escrita e, neste momento, sorrio ao brincar com o barulho permanente desta minha querida metrópole. Ressalto: há pessoas, por exemplo, com transtorno do espectro autista (TEA), que não conseguem fazer o que estou fazendo. O barulho pode levar alguém a uma crise. Nada é igual para todo mundo. Nos pequenos mundos nos quais posso controlar meu cérebro, é o que eu faço. Aprendi a não me deixar dominar por coisas pequenas, a selecionar batalhas. Para minha felicidade — nosso tema —, passei a lidar com a palavra "mas".

Escrevi para o *Estadão* um artigo no dia 2 de março de 2025:

> Todo evento tem um "mas". O jantar estava ótimo, mas... O casamento foi perfeito, mas... Meus colegas são bons, mas... A ausência de uma adversativa, por mínima que seja, só existe por falta de exame mais aprofundado. Algo sempre dará errado ou, ao menos, terá menor brilho. Saber que existirá um porém ajuda a encarar a decepção. Enfatize o que deu certo para sofrer menos. Você também é cheio de "mas".

Passei a dar menos importância ao "mas". Meu olho é hipercrítico. Vejo defeitos em todos os lugares. Convivo com essa característica, mas aprendi a controlá-la. Senso crítico é uma virtude, se não controlar sua mente. Também ajuda a reflexão sobre a impossibilidade da perfeição. Adoro este texto do psicanalista Fábio Belo:

> O viver humano é sempre uma gambiarra. Tem gente que acredita mesmo "na coisa certa no lugar certo". A ilusão do bom encaixe, da adaptação perfeita, do zero atrito. A vida, no entanto, é sempre um refazer, retraduzir. A narrativa não está pronta. Desconfie do quadro terminado. Suspeite do que se coloca como solução final.

Sintetizando em uma primeira conclusão: para os que conseguem, seria bom avaliar quais pensamentos permitimos ao nosso cérebros, quais reforçamos, quais incentivamos. Eu consideraria os pensamentos como alimentos: a qualidade afeta nossa saúde. A segunda conclusão prática: para ser feliz, devemos incorporar o "mas" como parte do processo. Ou, como diz Fabio Belo, a gambiarra é algo inevitável em algum momento. A perfeição é inimiga de todo projeto de felicidade.

Terceira conclusão desta parte do nosso pensamento prático sobre felicidade: você consegue evitar excesso de álcool? Pode ver um chocolate e consegue dizer não? Enfrenta um barulho irritante sem desespero? Parabéns. A sua estrutura mental tem características muito positivas. Talvez até tenham sido alcançadas com esforço e disciplina, algo também notável. Rejubile-se. Não seja chato julgando quem não consegue. Virar síndico da vida alheia é um caminho reto para o ressentimento e a infelicidade.

Curitiba, 6 de março de 2025 | 14h

Gustavo Arns: Muito bem colocado, Leandro. A questão neuroquímica da felicidade (e da depressão) é objeto de estudo e constante revisão científica. Neste momento, com o chamado renascimento dos psicodélicos, surgem algumas alternativas de tratamento.

É importante reconhecer a depressão, mas também o fato de que estamos longe de compreender sua complexidade. Por anos, a medicina tradicional presumiu que fosse mero resultado da desregulação de certos neurotransmissores. Como se algumas pessoas basicamente não tivessem a estrutura neuroquímica para ser felizes. É a chamada hipótese das monoaminas. Hoje, entende-se que esse desequilíbrio químico pode não captar toda a complexidade da depressão.

Em relação aos neurodivergentes, os estudos são ainda mais recentes e embrionários. Certa vez, durante uma aula em que eu abordava o tema dos relacionamentos, um rapaz que se identificou dentro do espectro autista perguntou se estaria fadado à infelicidade pelo fato de que o autismo torna o relacionar-se mais desafiador. Perguntei como classificaria essa área da vida nesse momento e ele disse que estava boa. Tinha amigos, uma namorada e muito apoio dos pais e irmãos. É exatamente isto que a ciência classifica como bem-estar relacional: ter algumas poucas pessoas com quem sabemos que podemos contar e em quem confiar — aquele pequeno grupo no qual nos sentimos confortáveis sendo nós mesmos. Não precisamos fingir ser outra pessoa, pois somos amados por ser quem somos e amamos de volta.

Em outra oportunidade, falando sobre o bem-estar físico e a importância do sono, a mãe de uma criança com deficiência relatou que o filho não dormia a noite toda, nunca dormiu e possivelmente jamais dormiria. Antes de qualquer comentário, ela prosseguiu: ao longo do tempo, percebeu que permanecia acordada por amor, e recebeu a missão de cuidar daquela alma, o que apresentava desafios e aprendizados, e finalizou dizendo que, ao encontrar um significado tão profundo para suas noites maldormidas, deu-se conta de que o cansaço diminuiu. (É preciso cuidado para não romantizar situações que são, de fato, extremamente desafiadoras. Trouxe aqui apenas os relatos como os ouvi.)

Começamos a adentrar no que a ciência chama de bem-estar espiritual. A crença em Deus ou deuses, num Ser maior, numa força, inteligência ou consciência superior, energia, no Universo, Grande Espírito, enfim, no nome que se queira dar a esse Deus, pode ser um caminho para desenvolver a espiritualidade. Não é, no entanto, a única via para esse desenvolvimento. A espiritualidade tem muitas dimensões. Algumas incluem sentido, significado, propósito, vocação, estado de presença, crenças sobre o universo, a expressão das virtudes, da bondade, do amor e práticas que se conectam com o transcendente. Espiritualidade tem sido definida de forma consistente por estudiosos como a busca ou a conexão com "o sagrado", o que existe desde sempre. Artefatos primitivos, pinturas em cavernas, entre outras manifestações deixam claro que mesmo o homem pré-histórico buscava essa conexão. Ossadas encontradas dispostas de formas peculiares mostram que havia certa reverência na passagem da vida. Isso indica algum tipo de crença no pós-morte. Civilizações originárias nas Américas, na Austrália e em outras regiões do globo também trazem essa conclusão graças ao que vemos descrito em diários de colonizadores. Na Grécia Antiga, o Sagrado era a natureza, onde cada organismo encontra seu espaço e tem seu lugar. Estar em harmonia com o divino, para os gregos, queria dizer encontrar o seu lugar no mundo, no Universo, e ocupar o seu lugar.

Para os gregos, o desenvolvimento das virtudes e da vida virtuosa, que já mencionamos, seria o caminho para esse encontro com o Divino. De certa forma, a sociedade se regulava por essa busca pessoal de autodesenvolvimento virtuoso. Mais tarde, tal busca deu lugar ao cumprimento de normas, primeiramente de normas religiosas. Toda religião tem a sua versão de um código de conduta — o que pode e o que deve ou não ser feito. Na versão cristã, são os Dez Mandamentos, que, por um lado, são bastante práticos — por exemplo, "não matarás" — e que depois foram reeditados por Jesus voltando um pouco à ideia da virtude: "amar ao próximo como a ti mesmo". Estamos falando do desenvolvimento da virtude do amor.

Nos séculos seguintes, a organização da sociedade ocidental europeia foi ditada pelo poder da Igreja. Os próprios tribunais tinham origem religiosa numa época conhecida como Idade Média. Mais tarde, a regulação do que se pode ou não fazer passou a ser secular, ou laica, como é chamado o Estado nos dias de hoje. Criamos, então, um código de leis que descreve direitos e deveres.

Questões como moral e ética perdem espaço. Um bom exemplo é o cartório. Não basta oferecer sua palavra; é preciso assinar um documento, que também não é o suficiente — um agente do Estado tem de atestar que aquela é a minha assinatura. A palavra perde força, moral e ética se tornam inexistentes.

Em nossa história, passamos da filosofia para a religião e para a prática dos rituais religiosos, que vêm cada vez mais perdendo força no mundo moderno. É importante entender essa rápida e abreviada história para compreender que a espiritualidade é universal e histórica. Embora o conteúdo específico das crenças espirituais varie, todas as culturas têm um conceito de força sagrada última, transcendente. A espiritualidade envolve a crença de que existe uma dimensão da vida que está além da compreensão do intelecto humano, mas que pode ser concretizada nas nossas relações pessoais, por nosso senso de esperança, perdão, humildade, gratidão, sentido, significado, estado de presença... É um posicionamento interno do qual resulta uma atitude ante a vida.

Acredita-se que a espiritualidade descreve tanto o relacionamento íntimo e privado entre os humanos e o divino quanto a gama de virtudes que resultam desses relacionamentos. É melhor o ceticismo do que uma fé cega em um deus antropomorfo. Isso também ajuda a entender que nossa sociedade, ao longo da história, separou espiritualidade da vida cotidiana. Porém a espiritualidade não está apenas nas práticas em determinados momentos do dia ou da semana; precisamos reintegrar a espiritualidade ao dia a dia.

O sagrado pode ser experimentado no perdão oferecido ou recebido, num momento de humildade entre um líder e um subordinado. Num pôr do sol inspirador, numa experiência profunda durante a meditação ou um serviço religioso, na bondade feita a um estranho ou numa refeição feita em família.

A associação entre espiritualidade e saúde está documentada em inúmeras pesquisas científicas. Há evidências de que pessoas com espiritualidade bem desenvolvida tendem a adoecer menos e a ter hábitos de vida mais saudáveis. Quando de fato adoecem, desenvolvem menos depressão e se recuperam com mais rapidez. Para muitas pessoas, a espiritualidade é uma fonte de conforto, bem-estar, segurança, significado, ideal e força, como atestou Balboni em seu estudo de 2022.

Estamos falando aqui de uma espiritualidade que vai além da religião convencional como conjunto de regras e crenças impostas de fora, sejam elas herdadas de livros, sacerdotes ou profetas. A pesquisadora Danah Zohar chama de inteligência espiritual aquela que extrai sentido, contextualiza e transforma. Seus estudos indicam o "ponto de Deus" no cérebro, uma área (lobos temporais) que estaria associada a todo tipo de experiência mística ou prática espiritual.

Diversos estudos demonstram convergência entre as mais modernas descobertas científicas e as convicções milenares de antigas tradições espirituais. Não vou me alongar nessa temática, que pode ser aprofundada no livro *Ser feliz: é possível? Um diálogo entre ciência e espiritualidade*, escrito por mim e pela monja Coen.

São Paulo, 13 de março de 2025 | 18h

Leandro Karnal: O lado fascinante de um texto de dois autores é a possibilidade de discordância. Com habilidade, você expressou sua visão do papel da espiritualidade na construção da felicidade. Sobrinho de duas pessoas extraordinariamente espiritualizadas, dom Paulo Evaristo e dona Zilda Arns, você deve ter tido bons exemplos e boa inclinação familiar para esse tema. Sua família é incrível. Existem estudos sobre o papel impactante de uma sólida crença na construção do conceito central deste livro. É válido dizer que pertencer a uma comunidade religiosa com certo equilíbrio e se acreditar amado por um ser superior e protetor é uma enzima de aceleração da felicidade. Nunca duvidei disso.

Espiritualidade é algo tranquilo: minha relação com forças superiores em um diálogo pessoal que reorganiza e confere valores ao meu mundo. É uma forma de estar no mundo a partir de determinada gramática. Religião envolve poder e tenta controlar a espiritualidade. São conceitos que não se fundem nem se excluem. Porém precisamos pensar em um fato pessoal e algo organizado, com normas, regras, dinheiro e leis. Relacionar felicidade a uma vontade de contato com o sagrado (espiritualidade) é muito fácil. Meu contraditório vai no campo das religiões. Quais os pontos?

O primeiro ponto é estender nossa visão de religião (*religare*) aos períodos paleolítico e neolítico. Enterros rituais (com conchas ou ritos visíveis) indicam uma crença religiosa ou apenas significam uma tentativa de impedir algo negativo ligado à morte? Nunca saberemos. A ideia de uma alma eterna é muito posterior na história. Há enormes sociedades, na Ásia, por exemplo, que não trabalham com uma "alma imortal" ou um "Deus onipotente". Budistas (já que você citou a monja Coen, nossa amiga em comum) negam a alma e Deus. O caminho da felicidade zen não passa pela divindade como a concebemos. Não existe um universal metafísico, ou seja, um sentimento de elevação interior para o Grande Outro da divindade. Isso é mais forte em religiões monoteístas e particularmente visível nas nossas expressões religiosas cristãs.

Muitos grupos humanos se sentem mais tranquilos compartilhando (desde a chamada Revolução Cognitiva) ideias de ancestrais míticos comuns e entidades protetoras, além do poder imenso de união a partir de suas crenças. Ninguém pode duvidar de que uma comunidade religiosa que reze em conjunto reforçando suas crenças sobre as grandes angústias (morte, doença, sofrimento) faça algo fundamental.

Minha restrição seria de ordem dupla. Primeiramente, é preciso ignorar que há muito sofrimento em muitas religiões, muita culpa, violência e muito preconceito. Muitas pessoas diminuem sua capacidade de felicidade porque seus desejos, como os sexuais, por exemplo, não batem com a perspectiva de sua crença. Há suicídios entre lésbicas, gays, pessoas trans porque há um choque entre o que são e a noção de pecado. Pior, há lugares em que religiosos matam quem não é virgem ao se casar. Assim, a religião, em certos contextos, *pode* ser boa para a paz interior e felicidade, mas também *pode* ser um elemento de reunião de psicopatas que vigiam a vida alheia e punem quem diverge deles, na tentativa de exorcizar seu próprio desejo. Atrás de todo moralista existe um ser em conflito com seus desejos, e ter o apoio de Deus para sua violência interna estimula muita gente.

A segunda restrição que vejo é que a vida sem uma entidade religiosa, sem crenças metafísicas, sem alma, sem oração ou grupos pode ser plena e feliz. Eu, Leandro, sou inteiramente ateu há mais de 35 anos e tenho os mesmos dilemas e a mesma busca ética de quase todo mundo. Não acreditando em Céu ou Inferno, faço o bem e busco equilíbrios sem subornos ou ameaças. Mantenho atividades filantrópicas por crença em uma cidadania mais próxima de Aristóteles do que de Santo Agostinho. Sou um ateu que se considera feliz, apesar de experimentar problemas.

Em nada consigo me distinguir dos amigos que rezam o terço diariamente ou que frequentam cultos pentecostais.

Vou reforçar: você cria sentido, na política ou na Igreja, na universidade ou na família. Esse sentido pode ligá-lo a uma religião ou você pode criar seu universo ateu. A existência precede a essência, uma ideia de Sartre que é clara para mim. Meu cérebro inventa o rumo que desejo, e eu me dedico a isso. O livro *O verdadeiro criador de tudo*, do neurocientista Miguel Nicolelis, traz muitos dados nessa linha de pensamento. O criador universal seria o cérebro humano. A obra de Nicolelis oferece uma base muito otimista: o sentido criado por nós é válido. Eu tenho liberdade para isso, como Sartre reforçava. Estou condenado à liberdade e por isso a opção religiosa é válida e eficaz. Apenas tenho de reconhecer que não é a única e nem sempre é boa para o grupo, mas pode vir a ser.

Como especialista em religiões, identifico alguns dos benefícios do pensamento e das práticas religiosas que favorecem a felicidade, especialmente em modelos clássicos monoteístas que são os nossos conhecidos:

- Sentimento de proteção superior
- Pertencimento a uma comunidade

- Defesa contra o mal
- Vida eterna de felicidade
- Reencontro com entes queridos no futuro
- Rituais de identidade
- Reforço do valor família
- Ritos de perdão para nossos erros
- Sentido de todos os acontecimentos que convergem para uma lógica divina
- Livro sagrado com verdades eternas
- Autoestima: fui feito à imagem e semelhança de Deus

Com variantes, isso engloba a maioria das expressões religiosas que conhecemos. Assim, sem dúvida, uma genuína crença religiosa é um elemento bom para sua felicidade. Se traz conforto e estimula o melhor de cada um, essa crença se torna muito benéfica. Apenas reforço que a religião organizada também reforça preconceitos e violências, e há quem se sinta inteiramente tranquilo com sua não crença, seu ateísmo, ceticismo ou agnosticismo. De forma sintética, é possível alcançar a felicidade sendo ou não religioso. Apenas não "pegue no pé" de quem discorda. Em resumo: gente feliz não torra a paciência.

Curitiba, 13 de março de 2025 | 23h45

Gustavo Arns: Leandro, você pode até discordar de mim que eu sigo concordando com você. É importantíssima essa diferenciação entre espiritualidade e religião, e a lembrança de que muitas instituições religiosas estão longe da essência do termo *religare*. Importante também não esquecer que algumas tradições religiosas contaminam seus seguidores com culpa, uma forma de controle e manipulação — além de um histórico, em geral, bastante violento, que acaba criando a ideia de um Deus patriarcal, infantilizando a crença religiosa. Particularmente, conheci pessoas muito espiritualizadas que se consideravam ateias.

A psicologia positiva trouxe luz à importância das emoções "positivas". (Deixo entre aspas porque, como já exploramos anteriormente, na verdade, as emoções são neutras, mas algumas têm um efeito agradável e são, portanto, comumente chamadas de positivas.) Por muito tempo, as emoções foram complemente ignoradas pela academia. Aquelas consideradas negativas foram mais estudadas pela psicologia em seu tradicional foco de reduzir o sofrimento. Assim, as emoções positivas foram quase completamente ignoradas ao longo do tempo, a não ser por raros estudos que já apontavam seus benefícios para muito além de sensações agradáveis.

Um estudo em particular, organizado por Carlos A. Estrada, Alice M. Isen e Mark J. Young, estimulou um grupo de médicos a um estado afetivo positivo e mostrou que esses profissionais chegaram a diagnósticos mais certeiros e mais rapidamente do que o grupo de controle ou o grupo estimulado a um estado afetivo negativo. Além disso, demonstraram um nível de atenção maior, fazendo relações mais complexas. Isso demonstra que nosso cérebro funciona de maneira diferente quando estamos num estado interno positivo.

A teoria *broaden-and-build* [ampliar e construir], proposta por Barbara Fredrickson, afirma que as emoções positivas podem ajudar as pessoas a ser mais criativas, sociais e resilientes. A pesquisa de Fredrickson sugere que emoções positivas podem ser aprendidas e cultivadas para melhorar o bem-estar, para além de uma educação emocional adequada e do desenvolvimento de inteligência emocional. Ampliar experiências, fazendo viagens, obtendo educação e imersão cultural, faz com que as pessoas consigam expandir seus horizontes cognitivos, emocionais e sociais.

As emoções positivas podem ajudar a ver sistemas maiores e interconectá-los, algo útil para lidar com problemas sociais. Isso é interessante porque muitos consideram que estimular emoções positivas é uma fuga da realidade, mas as pesquisas mostram o contrário: se você quer agir de maneira mais certeira ante um problema pessoal ou social, estimular um estado positivo é bastante útil.

Não se deve confundir esse estímulo com a positividade tóxica, tema abordado aqui anteriormente, que nos lembra que a supressão das emoções negativas não é saudável e que a felicidade nada tem a ver com ser positivo 100% do tempo. São muitos os benefícios ao se cultivar deliberadamente as emoções positivas. Contudo, como as emoções positivas de fato nos ajudam?

São muitos os benefícios colhidos ao se cultivar deliberadamente as emoções positivas. Esse cultivo auxilia o indivíduo a processar informações de maneira inovadora (criatividade), estimula a criação de laços sociais fortes e duradouros, auxilia o indivíduo a se recuperar após situações de adversidade (resiliência), além de contribuir para o bem-estar em geral.

Emoções positivas são como um verdadeiro fio condutor para estados alargados de bem-estar e satisfação, e nos ajudam a olhar para as situações de maneira mais ampla, sistêmica e complexa. Também estimulam novos caminhos para explorar pensamentos e ações (facilitando a construção de hábitos mais saudáveis, por exemplo), além de facilitar o aprendizado, o desenvolvimento de novos recursos e habilidades.

Como a ciência chega a essas conclusões? Vejamos um recorte do artigo "The role of positive emotions in positive psychology" ("O papel das emoções positivas na psicologia positiva", em tradução livre), de Barbara Fredrickson. Em seus estudos, ela exibiu filmes curtos e emocionalmente evocativos para os participantes da pesquisa a fim de induzir alegria, contentamento, medo e raiva. Também assistiram a um filme não emocional como uma condição de controle neutra. Imediatamente após cada película, foi mensurada a atividade cardiovascular dos participantes, o que demonstrou que aqueles que assistiram aos filmes que causavam medo e raiva tinham atividade mais intensa, evidenciando estresse. Nesse grupo, quem sorriu enquanto assistia aos filmes alegres na sequência apresentou recuperação mais rápida dos níveis prévios de ativação fisiológica. Fredrickson então percebeu que esse efeito é resultado da positividade, não da eliminação do estressor.

Após a exibição desses mesmos filmes, pediu-se aos participantes que rememorassem elementos de algumas cenas. Percebeu-se, então, que aqueles que assistiram aos filmes alegres tinham uma capacidade de memória mais ampla, evidenciando que as emoções negativas fecham as nossas percepções, enquanto as positivas as expandem.

Vale ressaltar mais uma vez que todas as emoções são importantes e que cada uma desempenha um diferente papel em nosso cotidiano. As emoções negativas estreitam o foco de atenção justamente para que seja possível lidar com o desafio presente, mobilizando nossos recursos nessa direção. Porém, se você quiser incentivar um *brainstorm* (ou "toró de ideias", como ouvi de um amigo mineiro) entre sua equipe no trabalho, é fundamental construir um ambiente positivo para que as ideias fluam livremente.

O pesquisador Rick Hanson sugeriu que as lembranças negativas são como velcro em nossa memória, e as positivas, como teflon. Ou seja, lembramos mais daquilo que aconteceu que foi negativo para nós do que o que foi positivo. É o chamado viés negativo; se não ficarmos atentos a ele, acabamos por olhar apenas para o negativo. Cientes da sua existência, podemos procurar novas formas de enxergar as situações que incluam um panorama mais amplo.

O psicólogo chileno Marcial Losada, em parceria com a pesquisadora norte-americana Barbara Fredrickson, chegou a sugerir a proporção de 3:1 para que experimentássemos um estado ótimo de bem-estar. Ou seja, para cada emoção negativa seriam necessárias outras três positivas para que a conta fique positiva. A teoria sofreu severas críticas posteriormente, mas mostra que não precisamos de grandes emoções positivas para construir nossa felicidade, nem esperar os grandes momentos extraordinários para ser felizes. Na verdade, a felicidade se constrói com a percepção dos pequenos momentos e das emoções positivas que compõem o nosso dia a dia — que em geral passam despercebidos. Normalmente, precisamos adoecer para depois sermos gratos por ter saúde; precisamos que o aquecedor quebre para sermos gratos pela água quente no chuveiro. Se formos capazes de desenvolver essa percepção sem necessitar da *falta*, poderemos construir um sólido estado de bem-estar pessoal.

Claro que nem tudo são flores. Na construção da inteligência emocional, é importante aprender a lidar com emoções desafiadoras. Para tanto, segue um passo a passo, fruto de muitos estudos que fiz para lidar com as minhas emoções.

1. Volte-se para o que você está sentindo

Em vez de tentar fingir para si mesmo que está bem, suprimir (reprimir), ignorar ou se distrair de seus sentimentos, tente simplesmente perceber que eles existem. Respire e reflita sobre o que está sentindo, com uma atitude de aceitação, curiosidade e abertura. Ignorar o sentimento não faz a emoção ir embora. Com o tempo, desenvolver o hábito de se voltar para suas emoções em vez de evitá-las leva a uma maior resiliência e a uma sensação de bem-estar a longo prazo.

Embora não totalmente cientes disso, costumamos nos afastar de emoções mais desafiadoras como raiva, tristeza, culpa e medo. Quando essas emoções atingem seu pico de intensidade, podemos nos sentir impelidos a descontar em comida (nossa resposta emocional mais primária), álcool, cigarro, drogas, trabalho ou qualquer outra atividade que anestesie o que estamos sentindo, o que pode, em casos severos, levar à automutilação e a uma variedade de outros mecanismos de enfrentamento para aliviar a intensidade com rapidez. Encarar a emoção se torna mais fácil quando reconhecemos que todas as emoções são temporárias e vêm e vão em seu próprio tempo. Ficar com emoções difíceis durante períodos de grande sofrimento pode ajudar a descobrir que a intensidade das emoções flutua e eventualmente diminui, em vez de permanecer em um nível constante.

2. O que estou sentindo?

Nomear ou identificar determinada emoção que está aflorando no momento é um passo importante. Pesquisas sugerem que ser capaz de reconhecer e descrever suas emoções ajuda a entender e gerenciar essas emoções, bem como responder às emoções dos outros.

Expandir seu vocabulário emocional auxilia na regulação das emoções de forma mais eficaz. Pessoas com um amplo vocabulário emocional tendem a descrever seus sentimentos como mais do que apenas "bons" ou "ruins"; frequentemente entendem as diferenças sutis entre sentimentos como culpa, tristeza ou ansiedade.

Para desenvolver um vocabulário emocional, podemos ver, a seguir, uma roda das emoções, desenvolvida pelo pesquisador Robert Plutchik em um estudo de 2003.*

* Você também pode consultar o www.atlasofemotions.org, uma iniciativa do Dalai Lama com o pesquisador Paul Ekman (um dos consultores dos desenhos *Divertida mente* da Disney).

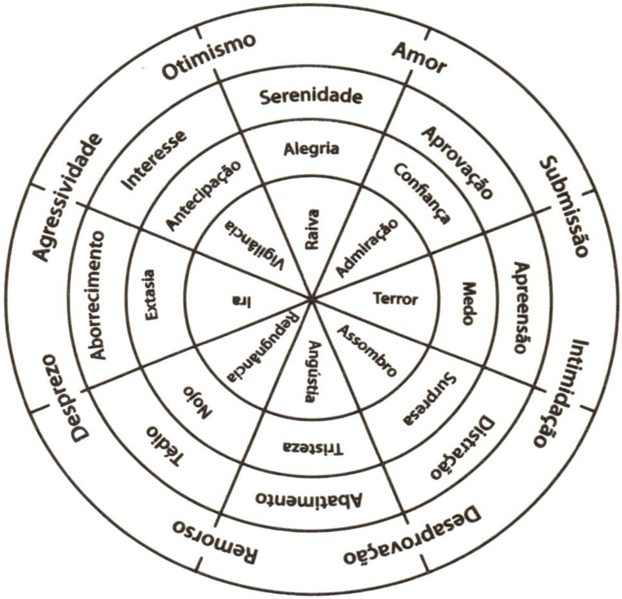

Nesse momento, o mais importante é simplesmente angariar mais vocabulário emocional.

3. Aceitação

Após identificar uma emoção, reconheça sua presença com autocompaixão e aceitação. É desafiador aceitar certas emoções, como vergonha, raiva ou inveja, por conta de suas associações negativas. Como se costuma pensar, sentir raiva ou inveja é "ruim" e, portanto, somos "ruins" por ter esses sentimentos. No entanto, essas emoções são parte natural do ser humano. Todos as experimentam de vez em quando.

As emoções normalmente estão comunicando algo: a inveja sentida de um amigo que ganhou uma promoção não é uma inveja "boa". Inveja é só inveja, uma emoção neutra, como qualquer outra. Ao deixar de julgar a emoção, passamos a observar seu significado e compreendemos, assim, que, por exemplo, não estamos plenamente satisfeitos com nosso emprego, com nosso fazer no mundo. Porque, se estamos satisfeitos, não importa se outra pessoa ganha mais ou trabalha menos.

Remover o julgamento negativo evita que a angústia aumente, que a energia se desperdice numa tentativa de rejeitar ou negar a emoção. (Não bastasse se sentir triste, a maioria das pessoas ainda se culpa por isso.) Uma maneira de fazer isso é mudar a linguagem usada ao reconhecer suas emoções. Em vez de pensar que não se deve sentir raiva, vale tentar abordar a questão de outra forma: "Percebi que estou com raiva agora. Tudo bem. Talvez seja útil explorar por que estou com raiva." Isso abre espaço mental para verificar melhor o sentimento, incluindo de onde ele veio e qual foi o gatilho, sem autocondenação.

Identificar a emoção não define as pessoas. Sentir inveja não torna alguém invejoso. O ideal é perceber o que se sente, evitando o julgamento.

4. Expresse suas emoções

Sigmund Freud afirmou que "as emoções reprimidas nunca morrem. São enterradas vivas e saem mais tarde da pior forma". Isso afeta nossa vida e saúde. Cada vez mais estudos conectam doenças a um fundo emocional. Para Freud, as emoções não processadas (isto é, não reconhecidas e expressas) ficam armazenadas em nosso inconsciente e influenciam comportamentos e escolhas. Identificar a emoção é parte fundamental da "regulação emocional", que é a capacidade de gerenciar e responder às suas emoções de forma flexível e útil.

Os sentimentos podem servir como informações ou sinais sobre problemas em nosso ambiente, bem como conflitos em nossos relacionamentos, falta de limites ou outras questões não resolvidas. Ser capaz de identificar com precisão uma emoção desagradável e distingui-la de outras emoções semelhantes, como culpa e vergonha, proporciona uma compreensão mais clara do sentimento em si. Quando você entende a causa da emoção, é mais provável que responda a ela de uma forma que se encaixe na situação, o que o ajudará a obter uma melhor compreensão de si mesmo.

Quando você se volta para a emoção, identifica-a e a aceita pelo que ela é, o mais provável é começar a entender por que a está vivenciando. Você descobre se está respondendo apropriadamente a uma situação difícil ou percebe que seus sentimentos são desproporcionais, levando a um comportamento que pode não ser adequado para determinada situação ou contexto social.

- **Apropriado para a situação:** Sua raiva resulta de um padrão, de se sentir repetidamente ignorado em seu relacionamento íntimo. Com essas informações, você escolhe discutir calmamente seus sentimentos visando melhorar a comunicação e o respeito em interações futuras.
- **Menos apropriado para a situação:** Alternativamente, você percebe que sua raiva não se encaixa bem na situação atual, e sua parceira/seu parceiro pode simplesmente não ter ouvido você. Normalmente, ela/ele não age dessa forma.

O ideal é respirar fundo e tentar se acalmar antes de abordar o assunto ou deixar para lá. Fazer uma pausa a fim de identificar a emoção e refletir sobre ela no contexto atual ajuda a quebrar o hábito de reagir impulsivamente e garante que sua resposta seja mais apropriada para a situação.

Sentir raiva é perfeitamente natural. Mas agir raivosamente não é necessário. Muitas vezes descontamos a raiva em quem não tem nada a ver com a situação. Por isso, é importante expressar a raiva, de maneira adequada, com a pessoa certa, no momento mais propício. Contar até dez pode ser útil. Respirar é fundamental. Na hora da raiva, mantenha-se quieto até perceber que a emoção perdeu força e que você é capaz de se comunicar de maneira apropriada — qualquer coisa que auxilie a se distanciar da emoção antes de agir. É uma técnica de "desidentificação" com aquilo que se sente. A raiva, uma energia quente, pede movimento, e fazer uma atividade física pode auxiliar.

Voltar-se para a emoção, identificá-la e reconhecê-la pelo que é torna possível criar um espaço entre a emoção em si e a resposta a ela. Não temos controle sobre nossas emoções, mas temos controle sobre como reagimos a elas. Esse espaço permite a reflexão e a escolha de uma resposta mais ponderada. Isso evita reações impulsivas ou padrões antigos que fornecem alívio a curto prazo, mas que são prejudiciais a longo prazo. A meditação é comprovadamente muito útil aqui. Vale a pena permitir que as emoções surjam e passem em vez de reagir a elas.

Uma parábola budista conta que um discípulo procurou seu mestre para perguntar qual era o melhor mantra para a hora da raiva. O mestre respondeu: "Se na hora da raiva você se lembrar do mantra, qualquer um serve."

5. Identifique os gatilhos

Identificar o que desencadeia suas emoções pode ajudar a aplicar a melhor resposta. Por vezes, é bastante difícil perceber de onde veio tanta raiva. No fundo, não queremos olhar para o gatilho por vergonha. É difícil admitir que um motivo (muitas vezes) tão pequeno tenha nos deixado em tal estado. Mas isso é uma armadilha do julgamento. As emoções brotam por motivos que não têm a ver com racionalidade, muito pelo contrário. Sua origem costuma ser inconsciente, e para a psicologia profunda estão ligadas a algum trauma. O fato é que nenhum motivo deve ser considerado bobo: ao identificar um gatilho, o melhor é encontrar uma forma de desarmá-lo; alternativamente, você pode também manter distância dele ou, ainda, se preparar de forma antecipada para determinada situação que você sabe que mexe emocionalmente com você.

Manter um diário emocional é útil para perceber o quanto as situações e emoções se repetem no cotidiano. Ao adquirir consciência desse mecanismo, é possível agir de maneira diferente.

6. Procure apoio emocional

Embora seja possível se voltar, identificar e aprender a responder a emoções difíceis por conta própria, conversar com outras pessoas sobre o que você está sentindo pode fazer uma grande diferença. No entanto, não substitui ajuda profissional. Fazer terapia é fundamental nesse processo de autoconhecimento e compreensão das emoções. Falar sobre nossos incômodos é um ato de coragem, e as conversas difíceis são o caminho para a liberdade na construção de relacionamentos mais maduros e profundos. Muitos relacionamentos se rompem por sentimentos não expressos.*

* Sentindo-se sobrecarregado e quer falar com alguém? O Centro de Valorização da Vida atende 24 horas por dia pelo telefone 188.

Para lidar com as emoções negativas, alguns estudos sugerem que as emoções positivas podem ser respostas apropriadas. Vamos ver, a seguir, algumas dessas emoções positivas. As definições aqui estão simplificadas e, como em qualquer simplificação, correm o risco da superficialidade. Esta não é uma lista exaustiva.

- **Admiração:** Aprovação calorosa, respeito e apreciação por alguém ou algo. Evocada ao testemunhar algo grandioso, espetacular ou de tirar o fôlego, despertando uma sensação de apreciação avassaladora. O encontro com o belo. Ou a nossa capacidade de enxergar a beleza naquilo que é mundano.
- **Afeição:** Ligação afetiva a alguém ou algo, acompanhada de simpatia e uma sensação de prazer em sua companhia.
- **Alegria:** Uma das emoções básicas. Sensação de afeto positivo, agradável; você se sente bem-disposto e energizado.
- **Alívio:** Frequentemente confundido com felicidade pelo aluno que termina o trabalho poucos minutos antes de o professor entrar na sala, por exemplo. O alívio é a suspensão súbita de uma tensão, uma passagem do estado de inquietação para a serenidade,

quando a mente se desfaz de alguma expectativa angustiante e o corpo responde com relaxamento.

- **Altruísmo:** Geralmente referido como um ato de generosidade para além de si mesmo ou de qualquer ganho pessoal.
- **Amor:** Talvez a mais forte de todas as emoções positivas, é um sentimento de afeição profunda e duradoura por alguém, juntamente com uma disposição de colocar as necessidades do outro à frente das nossas. Pode ser direcionado a um indivíduo, um grupo de pessoas ou até mesmo a toda a humanidade.
- **Animação:** Do inglês *excitement*, cuja tradução "excitação" tem uma conotação sexual que causa confusão. É uma forma menos intensa de entusiasmo, um sentimento de prontidão e excitação por algo. É fruto da antecipação. Por exemplo, a véspera de um momento muito aguardado. Por vezes confundida com a ansiedade (alguns até a chamam de ansiedade boa, mas é melhor evitar esse uso para não gerar confusão).
- **Confiança:** Envolve um forte senso de autoestima e crença em si mesmo; pode ser específica para uma situação ou atividade, ou mais universal; relativa a si próprio ou a outros.

- **Contentamento:** Pacífica, reconfortante e discreta sensação de felicidade e bem-estar. Termo muito utilizado no budismo, assemelha-se à serenidade.
- **Curiosidade:** Vontade de explorar, de saber mais, de se aprofundar em algo. A curiosidade é irmã da criatividade e uma abertura ao porvir.
- **Diversão:** Prazer e alegria despreocupados, muitas vezes acompanhados de sorrisos e risadas fáceis.
- **Elevação:** O sentimento ao ver alguém se envolvendo em um ato de gentileza, generosidade ou bondade interior, estimulando a aspirar a uma ação semelhante.
- **Entusiasmo:** Um senso de excitação, acompanhado de motivação e engajamento.
- **Esperança:** Otimismo e antecipação sobre um futuro positivo. Na definição da psicologia positiva, trata-se de esperar pelo melhor e trabalhar para que aconteça. Como dizia Paulo Freire: esperança do verbo esperançar (ativo) e não de esperar (passivo).
- **Euforia:** Intensa e abrangente sensação de alegria, frequentemente experimentada quando algo muito positivo e emocionante acontece, como a celebração

de um gol do seu time, de uma vitória no último instante. A euforia pode prejudicar o nosso discernimento e tendemos a agir de maneira que pode trazer arrependimento na sequência. Períodos longos de euforia devem ser observados com cautela, pois podem preceder uma forte queda emocional.

- **Gratidão:** Muito estudada pela neurociência e com descobertas cada vez mais surpreendentes. Uma frase atribuída a Santo Agostinho diz o seguinte: "Felicidade é seguir desejando aquilo que já se possui." Aqui temos uma perfeita definição de gratidão: você se sente expandido, capaz de apreciar a vida à sua volta, e percebe que ela é uma dádiva. Os problemas do dia a dia parecem diminuir de tamanho.
- **Inspiração:** Sentir-se envolvido, elevado e motivado por algo que você testemunhou. Você pode se lembrar de uma figura inspiradora com quem tenha convivido: um chefe, um professor ou familiar. Só o fato de lembrar dessa pessoa e daquilo que o inspirava já consegue inspirar novamente; a inspiração é como uma força que atravessa o tempo e o espaço e chega até você novamente.

- **Interesse:** Curiosidade ou fascínio que exige e captura sua atenção.
- **Orgulho:** Aprovação de si mesmo e prazer com uma conquista, habilidade ou atributo pessoal.
- **Otimismo**: Na definição da psicologia positiva, é a nossa capacidade de enxergar cenários futuros positivos.
- **Perdão:** É um ato de libertação, de deixar de lado a mágoa, o ressentimento e a angústia oriundos de uma situação do passado, bem como a sensação de ser vítima ou ter sido ferido. Perdoar não é esquecer, mas significa não permitir mais que aquilo o machuque ou incomode. Ocorre em camadas, e normalmente carece de tempo. Para alguns é mais natural, enquanto para outros exige mais energia e disposição. O ato de perdoar pode se aplicar a si mesmo (autoperdão), assim como é possível perdoar a outro ou a uma situação. O perdão tem uma dimensão ativa (perdoar) e passiva (ser capaz de receber perdão e de se sentir perdoado).
- **Prazer:** Estímulo aos nossos receptores sensoriais. Por definição, é passageiro e raro. Habituar-se com algo leva o nosso cérebro a não reconhecer o mo-

mento prazeroso. Uma massagem nas costas, por trinta minutos, é prazerosa; por três horas, pode se tornar uma tortura.

- **Satisfação:** Sensação de prazer e contentamento ao realizar algo ou suprir uma necessidade.
- **Serenidade:** Considerada pelo filósofo Akbar, autor da série Mente Ronin, como o grau mais elevado de felicidade. Nas filosofias orientais, a serenidade é a tão almejada paz interior. Um sentimento calmo e pacífico de aceitação de si mesmo.
- **Surpresa (do tipo bom):** Sensação de alegria com algo inesperado. Também ocorre em uma situação que se desenrola melhor do que se esperava.

São Paulo, 14 de março de 2025 | 11h10

Leandro Karnal: Excelente o foco em um pensamento mais objetivo, Gustavo. Pouca gente se dá conta de que existe uma ampla área da pesquisa universitária sobre felicidade. Sua intervenção poderia ser um manifesto claro sobre sentimentos e felicidade. Podemos então fazer um novo capítulo.

O que foi dito até aqui?

- A felicidade é uma habilidade e está intimamente relacionada à adoção de hábitos físicos saudáveis, como manter uma boa qualidade de sono, alimentar-se de forma equilibrada e praticar exercícios regularmente.
- A felicidade é considerada pela neurociência um estado que comporta diferentes, e até antagônicas, emoções. Enquanto estado, contém características distintas da emoção da alegria, assim como infelicidade difere de tristeza.
- Cada emoção é importante e exerce um papel fundamental em nossas vidas. Perceber e nomear o que estamos sentindo é o primeiro passo para a construção de bem-estar emocional.
- Auto-observação e presença são a chave para uma vida mais feliz.
- A neuroatipicidade não representa um obstáculo instransponível à felicidade.
- O bem-estar espiritual tem relação com o significado que damos para as pequenas coisas do dia a dia e também com o sentido que damos de maneira mais ampla para nossa existência.

- Para além da satisfação em nos sentirmos bem, a ciência compreende que as emoções tidas como positivas desempenham inúmeros outros papéis em nossa vida.
- A ciência das emoções nos ensina como lidar com emoções desafiadoras e a desenvolver inteligência emocional.

3.

O contraponto da felicidade

São Paulo, 14 de março | 11h30

Leandro Karnal: No meio da produção desta obra, tive o prazer de receber você e sua família aqui em casa. Depois de um encontro alegre e tranquilo, pensei que ser feliz era relativamente fácil no seu caso. Explico-me: você não sofre de um mal físico ou psíquico marcante. Contou sobre seu falecido pai com alegria e admiração, trazendo o dado de um lar com condições e bem estruturado. Sua esposa é uma psicóloga competente e muito carismática. Sua filha é bonita e acompanha os pais atentamente e com o afastamento necessário desse albor de adolescência. Posso estar enganado; porém, vi uma família feliz. Mais do que isso, você gosta muito do que faz, e faz bem. Sei que há "perrengues" na vida de todo mundo, mas nenhuma estrutura trágica parecia pairar sobre vocês três. Imaginei que há dias de atrito ou momentos de desafios. São nuvens, não o clima da família Ávila-Arns.

Existem pessoas com "feridas narcísicas", como pensaria Freud, ou "espinhos na carne", para citar Paulo de Tarso. Algumas pessoas lidam com uma especificidade psíquica que provoca angústia, reações excessivas, crises coléricas e até sentido de autodestruição, ou "pulsão de morte", voltando ao pensador austríaco.

Ao lado das conformações psíquicas atípicas (cada vez mais duvido do que seja típico), também existem as perdas devastadoras. A morte de um filho é um fato devastador. Ficar sozinho depois de um casamento longo e feliz costuma desestruturar as pessoas mais estáveis. Uma falência inesperada, uma doença grave e incurável, a violência urbana que nos assombra e traz o medo constante a quem tem filhos que andam pelas calçadas do mundo, entes queridos viciados em uma droga devastadora, e por aí vai. Tudo isso seria a famosa "dimensão trágica da existência". Em algum momento, todos nós seremos tocados por essa dimensão.

O diplomata e poeta Francisco Otaviano (1825-1889) chegou a escrever:

> Quem passou pela vida em branca nuvem,
> E em plácido repouso adormeceu;
> Quem não sentiu o frio da desgraça,
> Quem passou pela vida e não sofreu;
> Foi espectro de homem, não foi homem,
> Só passou pela vida, não viveu.

Era comum (pelo menos na estética romântica e religiosa) a ideia de que o sofrimento molda a vida, forma o caráter e, no fundo, confere nossa humanidade. Até hoje, desconfiamos de quem se anuncia feliz — ou pelo menos costumávamos desconfiar, até o advento das redes sociais e sua "euforia obrigatória". A positividade tóxica criticada por Byung-Chul Han está por todo lado. A alegria é fator de ascensão social e progresso na hierarquia do trabalho. Sem felicidade, nem conseguimos emprego.

Identifico dois momentos perturbados de experiência no mundo. O primeiro é o que chamarei de "romântico-religioso": o sofrimento caracterizava a maturidade e o sentido desse "vale de lágrimas", para citar a oração "Salve Rainha".

Viver é sofrer! Amor verdadeiro termina em morte, como em *Romeu e Julieta*, de Shakespeare (que não era romântico), e *Amor de perdição*, de Camilo Castelo Branco. Seu casamento é ruim? Seu marido é violento? Sua casa é um lugar de dor? "É assim mesmo, minha filha, conforme-se e siga em frente", diziam as avós às nossas mães. Existir é sofrer. Cumpra seu dever e aguarde o mundo depois da morte, quando a dor cessa e a alegria, enfim, surge. O padre Vivaldi chegou a fazer uma linda música sobre este verso denso em latim: "*Nulla in mundo pax sincera*" (RV 630). Não existe paz de verdade neste mundo. Acostume-se! A dor é a condição humana. Aceite. Felicidade? Só nos contos literários infantis.

Depois de anos de exaltação, surge o movimento contrário: podemos ser muito felizes no trabalho, no casamento, na vida. As redes sociais reforçam este roteiro universal otimista: acordar cedo, promover pensamentos positivos, comer bem, entregar-se ao prazer de mais um dia! Fotografar suas refeições e mostrar ao mundo como você está plena ou pleno! Ignorar o aeroporto infernal numa viagem, bem como o voo claustrofóbico, o lanchinho pífio, o hotel diferente da foto do anúncio, os mosquitos da praia, o assédio dos vendedores, o sol terrível e as mazelas do nosso amado país — fotografe, coloque filtro e exalte como você está bem. Gente positiva coleciona likes. Gente negativa não expande o número de seguidores. A vida é bela. Sorria! Fotografe! Filtre-se! Publique!

Claro que carreguei nas cores com fins didáticos. Mas, *grosso modo*, temos dois polos: sofrer é viver/existir é ser intensamente feliz. Ambos me parecem exagerados, caricatos, mal-intencionados e limitados. Como incorporar a felicidade que estamos discutindo com a dimensão trágica da existência?

Considero que há duas formas de "anestesiar" o protagonismo de um ser humano. São duas formas de ópio. A primeira é dizer que não pode esperar felicidade neste mundo, que tudo é dor e sofrimento, e ninguém é confiável. A segunda é garantir que todos devemos estar felizes o tempo todo, sorrindo e publicando nas redes. A primeira elimina o poder revolucionário da alegria; a segunda dirige a dor para o campo da patologia. A realidade desmente ambas. As duas formas foram instrumentalizadas para dar poder a algumas instituições e pessoas. Como a cenoura que faz o coelho avançar, uma diz: acostume-se com a dor; enquanto isso, frequente minha instituição, que o prepara para a felicidade. A segunda diz: você não é feliz? Siga meus passos e atinja a felicidade plena. Felicidade e infelicidade são mercados prósperos.

Aqui vai a provocação: se eu não for Gustavo Arns, como posso ser feliz?

Bento Gonçalves, 3 de abril de 2025 | 11h54

Gustavo Arns: Hoje mesmo tive uma discussão por um motivo besta com minha esposa. Isso torna suas afirmações irreais? Isso faz com que meu casamento seja infeliz? O que é um relacionamento feliz?

Não sofro de nenhum mal físico ou psíquico marcante, como você mencionou, mas lido com certas intolerâncias alimentares (que escolhi ignorar ante as delícias servidas no gentil convite à sua casa) que tornam o bem-estar físico mais desafiador e um transtorno de saúde mental. Poderia desfiar um novelo de condições para desafiar a ideia da "facilidade" da felicidade. Ser feliz nunca é "fácil". É sempre uma escolha e, como diria Fernando Pessoa, "felicidade exige valentia". É mais fácil reclamar do que buscar motivos para agradecer, é mais fácil ficar de mau humor por conta de uma frustração do que aprender com a situação. É mais fácil culpar uma pessoa ou condição pela sua infelicidade do que assumir sua autorresponsabilidade. Ser feliz dá trabalho. Não existem atalhos. Um curso online de final de semana sobre os segredos da felicidade não vai resolver magicamente os nossos problemas. Ser feliz é simples, mas também não é fácil ser simples.

Lido com essa projeção com frequência. Estudando, lecionando e trabalhando com o tema da felicidade, é comum imaginar que eu seria dotado de alguma condição privilegiada em termos de felicidade. Entendo que por ser um homem, branco, hétero, nascido em uma família de classe média, eu já herdei muitos privilégios. O fato de ter tido pai e mãe presentes em minha vida, recebido amor, afeto, carinho e incentivo também. Porém estudos do professor Mihaly Csikszentmihalyi demonstram que a experiência subjetiva não é a cereja do bolo apenas para aqueles que contam com boa saúde, bom emprego e uma gorda conta bancária. A experiência subjetiva não é uma das dimensões da vida. É a vida em si. Condições materiais são secundárias e só nos afetam indiretamente, através da experiência. Saúde, dinheiro, etc. podem afetar nossas vidas para melhor, mas, se eu não aprender a controlar minha atenção, essas vantagens serão inúteis. Quantas pessoas materialmente muito bem atendidas e saudáveis passam por uma depressão? Quantos famosos, cujas vidas julgamos "fáceis", cometem suicídio? Como diz Sadhguru, se a sua felicidade depender daquilo que está acontecendo fora de você, você será sempre dependente das situações externas.

Meus níveis de felicidade são bastante medianos em todos os testes que faço e na minha própria percepção. Tendo o conhecimento teórico que angariei ao longo dos anos, trabalho todos os dias para colocá-lo em prática. Por exemplo, com o passar do tempo, eu e minha esposa discutimos cada vez menos por motivos bestas e também nos tornamos mais um pouco capazes de expressar nossos incômodos de maneira saudável. É um longo caminho, sempre em desenvolvimento. Com o passar dos anos, tenho discutido cada vez menos comigo mesmo; meus pensamentos e minha autocrítica costumavam ser muito violentos. Então, passei a ser mais gentil com as pessoas a minha volta. Qualquer covarde pode causar danos, mas a gentileza é para os corajosos.

Estudos da professora Sonja Lyubomirsky ficaram bastante conhecidos ao apontar os fatores que contribuem para nossa percepção da felicidade e seu peso percentual, como ela explica em seu livro *The How of Happiness* [O "como" da felicidade]. Anos depois essa fórmula foi revisada por ela mesma no artigo "Revisiting the Sustainable Happiness Model and Pie Chart: Can Happiness Be Successfully Pursued?" [Revisitando o modelo e gráfico circular de felicidade sustentável: a felicidade pode ser buscada de forma bem-sucedida?], de 2019. É importante esclarecer que, apesar dos números percentuais terem sido descartados, os fatores seguem cientificamente validados.

O primeiro deles é a genética. É bastante complexo para que você, leitor, possa tirar qualquer conclusão acerca da sua genética. Se você tem algum parente em tratamento para doenças de fundo emocional e mental, isso não necessariamente quer dizer algo sobre sua genética, porque estamos vivendo níveis de depressão pandêmicos, como classificados pela Organização Mundial da Saúde (OMS). Além disso, estudos da epigenética mostram como nosso material genético pode se alterar ao longo da vida. Por fim, hoje sabemos que o impacto do comportamento do indivíduo tem resultado muito determinante sobre suas condições de vida. Mesmo para alguém que tenha vários casos de diabetes na família, cuidando da alimentação e praticando atividades físicas diminuem as chances de desenvolver a doença.

A segunda fonte, de acordo com esse estudo, são as condições externas, cujo impacto em nossa felicidade é muito menor do que se imagina.

A terceira fonte, por fim, é a chamada atitude volitiva, isto é, uma ação ou um comportamento que resulta da nossa vontade consciente. São as nossas escolhas, derivadas da autorresponsabilidade assumida (obviamente cuidando para evitar o excesso de autorresponsabilização do indivíduo, que muitas vezes carece das condições básicas para que tenha qualquer possibilidade de escolha), que têm grande impacto na felicidade e no bem-estar. Temos mais controle sobre nosso estado de felicidade do que em geral imaginamos. É importante ressaltar que a depressão não é culpa do indivíduo, e que o sistema em que vivemos não privilegia o desenvolvimento saudável do ser humano. Aliás, doenças como o burnout são fruto de um estilo de vida doente e adoecedor.

Vinícius de Moraes, também diplomata e poeta, escreveu:

> Quem já passou por essa vida e não viveu,
> Pode ser mais, mas sabe menos do que eu.
> Porque a vida só se dá pra quem se deu,
> Pra quem amou, pra quem chorou, pra quem sofreu.

Abordar a dimensão trágica da existência é fundamental. O contraponto é necessário. Particularmente, vejo a psicologia positiva como um caminho de autoconhecimento que deve ser complementar ao da psicologia profunda. Sem adentrar os traumas da nossa história, corremos o risco de permanecer na superficialidade da felicidade. Sem um mergulho profundo em nós mesmos, em nossas dores e angústias, não seremos capazes de sustentar uma felicidade real e duradoura.

E pela dimensão trágica da existência, costurando com os estudos da ciência da felicidade, precisamos lembrar Viktor Frankl, psiquiatra, judeu, preso nos campos nazistas. Em 1946, Frankl escreveu *Em busca de sentido*, em que relata como sentiu e observou a si mesmo, e as demais pessoas no campo de extermínio, durante a Segunda Guerra Mundial. Seu livro toca a essência do que é ser humano: usar a capacidade de transcender uma situação extrema, manter a liberdade interior e não renunciar ao sentido da vida. Frankl descreve a "liberdade espiritual do ser humano, a qual não se pode lhe tirar, que lhe permite, até o último suspiro, configurar sua vida de modo que tenha sentido. Se a vida tem sentido, o sofrimento também o terá". Diz ele que mesmo uma situação sem esperança pode nos confrontar com o sentido da vida. Quando nos deparamos com uma situação que não pode ser mudada, somos incitados a mudar a nós mesmos.

Nesse sentido, jamais importa o que nós ainda temos a esperar da vida, mas sim exclusivamente o que a vida espera de nós. Não mais fazemos uma pergunta ativa, mas experimentamos a nós mesmos como indagados, como aqueles aos quais a vida dirige perguntas diariamente e a cada hora. "Perguntas que respondemos não mentalmente, mas com ações através da conduta correta." O sentido da vida, para Frankl, difere de pessoa para pessoa, e não existe resposta genérica. O que importa não é o sentido da vida de modo geral, mas antes o sentido específico da vida de uma pessoa em dado momento. Frankl lançou as bases para o que hoje estudamos sobre propósito de maneira muito prática e concreta; sem se apegar à abstração de um propósito único para toda uma vida, e sim partindo de uma reflexão e uma ação a cada instante. Para ele, a felicidade se dá em decorrência da realização concreta do significado.

Roberto Crema, reitor da Unipaz, Universidade Holística Internacional da Paz, afirma que a doença do nosso tempo não é a depressão ou o burnout, e sim a desconexão.

Estamos desconectados de nós mesmos, não sabemos quem somos, e desconectados de nós mesmos, na pressa do dia a dia, não nos conectamos com o outro; também nos desconectamos da nossa casa, o nosso planeta, o que nos leva a vê-lo como um mero recurso a ser consumido. Em um mundo de tanto vazio existencial, Frankl é um norte para a construção de uma vida que, se não é mais feliz, ao menos tem significado.

São Paulo, 21 de abril de 2025 | 11h

Leandro Karnal: Passei muito tempo sem lhe responder. O mundo é uma metamorfose constante. Entre a escrita anterior e esta morreram o papa e minha sogra. Penso sempre na ideia de Heráclito sobre a mudança como a constante do universo.

Seu exemplo de Frankl é excelente. Minha primeira psicóloga, aos 18 anos, citava com frequência o pensador. Sheila Rabuske, em Curitiba, inspirou-me a ler os textos dele. O que sempre me impressionou era a maturidade de alguém ao falar da felicidade possível tendo vivido o horror da experiência do Holocausto. Quando penso no que pode ser um obstáculo a minha felicidade, sempre imagino que as pedras da estrada de Viktor Frankl foram muito maiores. Ninguém dirá que a vida dele foi fácil. Poucos poderão indicar algo maior do que a vida em campos de extermínio como problema. Perdeu sua mãe? Viktor viu quase toda a família destroçada pelos nazistas. Está com uma dor física? Ele foi espancado e submetido à fome quase todos os dias em que esteve nos campos.

Ter em mente que há pessoas cheias de saúde por aí não me ajuda a não pensar na dor da minha apendicite. O fato de que tem gente com leucemia não me consola na dor de dente. Existir alguém com mais ou com menos problemas não é um conforto automático. Não é uma concorrência. Toda dor é única. Um adolescente perder seu celular em um metrô deve ser algo devastador, e não adianta você dizer que a invasão da China pelo Japão, na Segunda Guerra Mundial, matou milhões. Minha dor é minha dor. Porém é significativo que um homem como Viktor Frankl fale da sua experiência de felicidade (e de serenidade otimista) depois de ter visto o inferno real do Holocausto.

Li um pensamento de cuja autoria não me recordo. Eram, na verdade, três cenas. Na primeira, dois animais contemplam um belo pôr do sol. (Quase todas as pessoas amam os tons do sol no seu ocaso diário. Eu adoro.) Na cena seguinte, um dos animais diz: "Que pena que acabou, pois a noite já tinha começado e a luz se foi." Na terceira, outro comenta: "Que bom que vimos isso." O óbvio: duas consciências tiveram a mesma experiência. Uma fica triste por sua experiência do belo ter acabado; a outra ressalta que foi um momento feliz. São duas posições que recriam parte do que epicuristas e estoicos enfatizavam no passado: focar o presente e deixar de lado o que não posso mudar. Nada fará, naquele minuto, com que o sol volte àquele momento. Porém tenho controle sobre meus pensamentos e posso dizer: como foi bom ter visto.

Essa ideia apareceu quando estávamos falando da morte da minha sogra. Pessoa boníssima, Cleusa viveu apenas 68 anos. Pouco para a atual etapa da medicina. Porém, em vez de dizer que sua partida foi terrível, muitos preferiram enfatizar que foi ótimo conviver com ela por quase sete décadas a iluminar nossas vidas. Isso sempre é uma possibilidade, não um pensamento superficial ou simples de conseguir. É uma escolha consciente para seguir em frente. Não detenho a morte, muito menos o horário do pôr do sol. Tenho mais autonomia na minha consciência. A angústia da efemeridade de tudo não nos torna mais felizes. As férias acabam, o dinheiro acaba, a vida acaba. A vontade por si só não é onipotente. A consciência está mais próxima do controle. Essa é uma boa forma de pensar a vida.

Encaminhando nossa jornada para a conclusão: a que pensamentos você, Gustavo, apega-se nos momentos de tempestade? Quando o medo bate à porta ou surgem desafios, tendo lido tanto sobre felicidade, qual seria seu suporte nessas horas?

Curitiba, 24 de abril de 2025 | 22h

Gustavo Arns: Momentos trágicos nos lembram o quanto a vida é realmente efêmera e colocam tudo em nova perspectiva. Revisitamos nossas certezas, nossa rotina e nossas prioridades. A filosofia nos diz que a morte é nossa melhor companheira. Sempre achei isso estranho e macabro. Mas a perda de um ente querido me fez compreender perfeitamente o que em essência a filosofia quer dizer. A consciência da finitude nos traz urgência. Isso nos lembra James Dean, "*live as if you would die today*" ["viva como se fosse morrer hoje"], e Fabrício Carpinejar: "Nunca teremos tempo para nos despedir direito, capriche nos encontros imperfeitos."

Você tocou em um ponto fundamental, Leandro, no qual insisto constantemente em minhas aulas: de nada adianta o conhecimento teórico da ciência da felicidade se não for colocado em prática. Dessa forma, não colhemos qualquer benefício. E é a prática que nos auxilia a transformar o conteúdo em hábito. Satish Kumar nos lembra: "No conforto da sala de aula, podemos obter informação; no luxo das bibliotecas, conhecimento; mas experiência só pode ser obtida quando estamos lá fora, enfrentando as tempestades da vida, no rude terreno da natureza." É justamente nas adversidades que mais precisamos desse conhecimento armazenado, mas tudo isso só vem com o tempo.

A pesquisadora Mirian Goldenberg entrevistou milhares de pessoas e concluiu que existe uma curva em U em relação à percepção de felicidade. Essa pesquisa vai ao encontro de diversas outras que chegam a essa mesma conclusão em diferentes países e diferentes contextos sociais. Isso quer dizer que nos sentimos felizes quando crianças, mas nossa percepção de felicidade vai diminuindo com o passar do tempo, até atingir o seu ponto mais baixo, por volta dos 45 anos de idade. Depois disso volta a subir, atingindo novos picos após os 50 e após os 60 anos. É científico, mas também poético — a felicidade infantil, com uma visão inocente da vida, de um lado, e a felicidade madura, que já abriu mão de expectativas irreais e conheceu o lado trágico da existência, de outro. Como frequentemente me lembra um grande amigo meu, o melhor ainda está por vir.

Leandro trouxe uma chave que considero essencial para atravessar as tempestades. É muito simples e ao mesmo tempo tão difícil. É a forma como enxergamos a realidade que faz toda a diferença. Sou grato pelo momento que vivi ou me sinto melancólico pelo momento que acabou? Recebo um pedido de ajuda como uma oportunidade de exercitar a generosidade ou como o peso de uma obrigação? Quando algo não sai da forma como gostaríamos, a frustração é natural, mas posso encará-la como uma forma de aprendizado ou simplesmente me irritar.

Neuroquimicamente, esses dois estados são completamente diferentes. Os estados negativos colocam o cérebro no modo reativo, o sistema nervoso simpático é ativado, adrenalina e cortisol chegam a todas as células do corpo através da corrente sanguínea. Sentimos tensão, estresse e ansiedade.

Quando tenho um olhar de aceitação, abertura e curiosidade para as experiências da vida, mesmo aquelas mais difíceis; quando olho para vida como algo interessante, como diria Calligaris, que você citou na introdução, estamos ativando o modo responsivo do cérebro. Nós nos sentimos seguros, calmos e relaxados. Veja, a situação é a mesma. Mas nossa forma de perceber os fatos muda completamente a percepção da realidade, e o que a ciência da felicidade está afirmando é que isso é um treinamento.

Calligaris fala da morte de um pai como algo interessante, ou seja, algo que coloca interesse na vida, uma ideia similar à de Frankl: todos os fatos podem ser absorvidos em determinada perspectiva e não apenas o fato muito positivo. Como diria o grande poeta curitibano Paulo Leminski: "Não discuto com o destino, o que pintar eu assino." Já Robert Emmons, grande referência global nos estudos sobre a gratidão, afirma: "Tudo na vida são presentes, alguns vêm disfarçados de desafios."

A neurociência tem comprovado os benefícios da prática da gratidão, que nos torna mais criativos, isto é, somos capazes de encontrar novas soluções para os desafios que surgem; mais resilientes, quer dizer, mais fortes para enfrentar as adversidades; mais confiantes; mais motivados — enfim, os benefícios são inúmeros.

O poeta persa Rumi tem a seguinte receita:

> Abrace contratempos: Se você fica irritado
> com cada atrito, como você vai ser lapidado?
> Olhe para dentro: A sua tarefa não é buscar o
> amor, mas apenas procurar e encontrar todas
> as barreiras dentro de si mesmo, que você
> construiu para se proteger contra o amor.
> Aprenda com o sofrimento: A ferida é o lugar
> por onde a luz entra em você.

Mas para tudo isso é preciso coragem. É mais fácil encontrar motivos para reclamar do que para agradecer. É mais fácil enxergar tudo aquilo de negativo que existe no outro do que buscar em nós mesmos mais paciência, amor e compreensão. É mais fácil se render aos impulsos da personalidade do que conscientemente fazer o que precisa ser feito. É preciso coragem para tudo isso.

São Paulo, 26 de abril de 2025 | 15h

Leandro Karnal: Valentia: um bom conceito. Coragem também traduz a ideia. Ousadia/esforço/determinação: de novo a felicidade como construção, não como um prêmio gratuito. Insistimos muito ao longo das páginas anteriores na ideia do processo. Também citamos que a dor e a chamada infelicidade podem ser uma zona de conforto, um espaço no qual a existência ocorre sem maiores danos do que a proclamação da própria desgraça. A vontade de se conhecer exige muita energia. A resiliência no aperfeiçoamento de si é um desafio. Há conforto enorme no conceito de destino, azar, revés etc. Tudo que retira meu protagonismo me tranquiliza. Felicidade exige valentia. Gosto muito da ideia.

Tenho muitos limites. O primeiro é o tempo: não sou eterno. O segundo são minhas condições genéticas. O terceiro são os limites do meu meio e do meu momento. Diz Adam Adatto Sandel:

> O futuro é o horizonte aberto por meio do qual o inesperado pode chegar até nós. Ele corresponde ao fato de a vida de um indivíduo não consistir

> em um ciclo de significados fechado, mas uma compreensão que estamos sempre em busca de algo. O passado é o encerramento provisório que sempre serviu de orientação à jornada do indivíduo e que o lança na direção do desconhecido.*

Sandel continua explicando que o passado seria uma Ítaca, a ilha de onde Ulisses partiu para a guerra, de onde saímos e que estimula nossa jornada. O futuro garante que não sejamos congelados pelo imobilismo.

Ser feliz envolve uma ideia de protagonismo e certa concepção de tempo. Não uso protagonismo no sentido de liberais e neoliberais; falo de pensar em si como um agente na construção possível da felicidade. Aristóteles e o recém-citado Sandel, por exemplo, consideram as amizades algo essencial para alcançar a felicidade. Ter amigos é indispensável ao processo de ser feliz. Se no entanto você ainda não tiver os amigos desejados, vamos falar então do protagonismo: você precisará construir amizades, o que implica tempo e esforço. Os amigos não surgirão como

* SANDEL, Adam Adatto. *Felicidade em ação*. Rio de Janeiro: BestSeller, 2025. p. 206.

um raio em um dia de céu azul; serão "criados" com horas de conversa, dedicação e gestos de confiança. Serão "esculpidos" com o pressuposto de que toda amizade ou todo casamento implica a superação dos defeitos para prosperar. Gente perfeita não tem amigos. Gente perfeita não ama. Gente imperfeita, você e eu, crescemos a partir dos nossos limites. Protagonismo para criar amigos, para ser ourives do próprio coração compartilhado.

E o tempo? Estoicos advertem que excesso de passado causa remorso e excesso de futuro provoca angústia. Eles defendem a vida no presente, sempre. Sandel acrescentou, no trecho citado, que o passado fala de onde vim, meus valores, minha raiz, minha história. Isso faz com que eu possa ficar mais jovem com a maturidade, pela consciência que tenho do que vivi.

> Compreendido dessa forma, o passado está na condição paradoxal de estar situado, ao mesmo tempo, atrás de Ulisses e à sua frente. Encontra-se atrás dele como um momento com o qual ele se mantém comprometido com absoluta certeza e que o impele a seguir adiante. Encontra-se à sua frente como um momento a ser ainda

> determinado no confronto com aquilo que o futuro decidir colocar em seu caminho.*

Ulisses, o navegador astuto, deve se lembrar que tem uma esposa, um filho e é rei em Ítaca. Sem isso, os monstros do mar podem desviá-lo. Ele deve retornar, refazer sua família e retomar seu poder, porque o futuro depende de sua ação. Ítaca, sua ilha de origem, está no pretérito e no futuro. A felicidade de Ulisses está na conjugação do paradoxo temporal aqui apresentado. Todos temos uma história (por vezes acidentada) que marca a memória e a biografia. Porém a história não garante o futuro nem está escrita até o fim. Assim, o que vai ocorrer ao retornar ao ponto de origem nasceu em Ítaca, mas não é uma cláusula pétrea e imutável de vida.

Citei duas vezes Adam Adatto Sandel. Ele é filho de um grande intelectual, Michael Sandel. Adam traz de casa muito passado e ainda foi estudar direito e filosofia em Harvard. De alguma forma, seu passado estimulou o esforço de construir uma grande carreira intelectual. Porém, em algum momento, decidiu quebrar o recorde mundial de flexões de braço em barra fixa. Ele conseguiu, e depois

---

* SANDEL, 2025, p. 212.

perdeu a marca para outra pessoa, e então a quebrou de novo. Ter um desempenho de excelência no campo cultural-jurídico estava quase previsto. Mas ter um desempenho muito acima da média no campo físico do *pull-up* é algo que o futuro de Adam construiu com outro esforço. Uma biografia nunca está pronta e jamais determinada. Podemos imaginar que a capacidade de fazer flexões tenha efeito positivo sobre o corpo, ajudando no bom desempenho intelectual. Acredito, intuitivamente, que Adam se orgulhe da sua carreira acadêmica e esportiva, e que as duas contribuam para sua felicidade. Se uma pode ser encontrada na tradição da família de origem, na sua Ítaca, a outra não. As duas implicam esforço e indicam protagonismo.

Acredito que nunca quebrarei um recorde mundial em qualquer atividade física. Não tenho idade, genética ou foco em tal campo. Não serei jamais um atleta olímpico. Porém, ao insistir em fazer atividade física, melhoro meu desempenho pessoal. Ao ler e estudar, melhoro minha condição intelectual. Minha felicidade não mira no 100%; todavia, posso conseguir 70% de melhora na minha vida com decisões estratégicas e boas. Sempre serei, como queria o filósofo Ortega y Gasset, "eu e minhas circunstâncias". Porém minhas circunstâncias não me condenam a um caminho fixo. Não sou determinado, apenas condicionado. Isso me diz que o futuro depende muito de ações que me tragam a felicidade agora e outras conquistas pela frente.

Hoje eu estou mais feliz do que aos 35 anos porque descobri que muitas coisas físicas se tornam mais difíceis, mas posso usar melhor e com mais sabedoria os recursos mais escassos. Compreendo melhor o que desejo, importo-me menos com o julgamento alheio, entendo que o tempo é um pedágio que me tira algumas coisas na estrada, mas que posso alcançar objetivos novos e melhorar antigos. Se sou "eu e minhas circunstâncias", hoje sei aproveitar os acasos de forma muito melhor. Sou feliz hoje porque já fui infeliz. Tenho dias difíceis, outros fáceis e alguns extraordinários.

Usando sua frase, Gustavo, depois dos 60 anos fiquei mais corajoso porque os fracassos deixaram de ser uma sombra, mas viraram parte da jornada. O futuro virou horizonte, não destino; o passado surge como experiência e recurso para novas decisões. Não sou onipotente nem estou condenado a nada. Sou um projeto de amanhã com dados curriculares nascidos ontem. Sou um Ulisses com cicatrizes de muitas guerras e com intensa vontade de reencontrar Ítaca. Em suma, hoje sou feliz, ainda que com bem menos colágeno. Que venha o mar, amo navegar!

O que foi dito até aqui?

- Por anos, a exaltação da dor e do sofrimento caracterizou a maturidade e o sentido da vida. Atualmente vivemos o oposto: existir é ser intensamente feliz. De infantilizada, a felicidade passou a se tornar uma obrigação.
- Os dois polos são exagerados e podem ser considerados formas de anestesiar o protagonismo do ser humano. Reconhecer e aceitar a dimensão trágica da existência é importante na construção de um olhar amplo sobre a vida.
- Entre os diversos fatores que contribuem para uma vida mais feliz, a autorresponsabilidade tem papel fundamental.
- Viktor Frankl, psiquiatra austríaco, com seu livro *Em busca de sentido*, alicerçou as bases do que hoje conhecemos como propósito.
- A morte como conselheira traz consciência da finitude, nos faz repensar prioridades e coloca a rotina em outra perspectiva.
- Para além dos fatos em si, a forma como enxergamos aquilo que vivemos transforma completa-

mente a experiência. A nossa leitura da realidade tem impacto na neuroquímica que produzimos e, consequentemente, em como nos sentimos.

4.
Felicidade: um painel

Aqui coletamos alguns trechos de autores sobre felicidade. Eles servem como complemento e contraponto para nosso livro. Alguns são otimistas, outros pessimistas. Todos fazem pensar. Aproveite!

> "Boa parte da tradição filosófica sugere, para que a vida seja boa, certa reconciliação do mundo com o real. Ou seja, estar bem com o mundo — até mesmo amá-lo — como ele é. Entre tantos que sugeriram ideias semelhantes, podemos destacar o *amor fati* de Nietzsche, o que me faz pensar na seguinte imagem: alguém dando um mergulho em águas cristalinas numa praia do Nordeste brasileiro. E diante daquela

maravilha oceânica que ele contempla, num determinado momento, tem a sensação de [...] suspender a passagem do tempo. [...] Poderíamos, então, com facilidade, identificar esse instante de vida com um momento feliz. Não é bem isso que o filósofo sugere apenas, mas sim que talvez tenhamos que amar o mundo como ele é sempre. Não somente tolerá-lo; amá-lo mesmo. Amar o real como ele é."

(Clóvis Barros Filho e Leandro Karnal)

"Assim como o apetite está para a comida, o entusiasmo está para a vida. O homem que se sente enfadado diante de um prato de comida é equivalente à vítima da infelicidade byroniana. O inválido que come por obrigação assemelha-se ao ascético; o glutão ao voluptuoso."

(Bertrand Russell)

"Enquanto nos mantivermos atentos à jornada da vida, encarando cada um dos encontros como uma oportunidade de ratificar um comprometimento que reúne todas as partes do nosso ser, o tempo jamais será uma mera sucessão de momentos e a vida nunca será uma simples marcha que vai da juventude à velhice. O futuro, traga o que for, oferece uma chance de compreender a vida que já estamos vivendo, só que de uma maneira nova."

(Adam Adatto Sandel)

"Ser imbecil, egoísta e ter boa saúde: eis as três condições necessárias para ser feliz. Mas, se a primeira faltar, tudo está perdido."

(Gustave Flaubert)

"Em muitas línguas a palavra felicidade corresponde a um encontro de sorte (*Glücklich*), a um acontecimento (*happiness*), uma boa hora (*bonheur*). A intimidade depende de uma experiência que a condiciona e precede, que não é coletiva, a qual chamamos de solitude (*Einsamkeit*, *soledad*). Esquecemos que a melhor chance de encontrar alguém em uma festa é ir sozinho. Mas para isso é preciso muita solitude. Tem que haver curiosidade para se meter em lugares que não conhecemos, justamente o que é mais difícil para quem considera que a solidão é fracasso, isolamento e desamor. Se você não consegue fazer uma viagem sozinho que valha a pena, o que o autoriza a embarcar uma segunda pessoa nessa jornada? Se essa possível companhia vai ser a coisa mais interessante que está por vir, que valor você dá à sua própria companhia?"

(Christian Dunker)

"Contribuindo para nossa tendência a buscar refúgio em alívios tranquilizadores, mas triviais, temos uma grande maioria da popular literatura de autoajuda indicando caminhos sobre como ser feliz ou como tomar melhores decisões, o que nos leva a uma concepção de felicidade como um estado de espírito a ser alcançado, mais do que um estilo de vida a ser cultivado. Essa literatura, geralmente escrita por psicólogos profissionais, mostra-se complacente tanto com nossa obsessão por disciplina e pelo planejamento (ao insinuar que somos capazes de construir nossa felicidade se corrigirmos certas tendências da mente) quanto com nossa pressa de encontrar uma fuga fácil às pressões do trabalho voltado à conquista de objetivos."

(Adam Adatto Sandel)

"Uns procuram a felicidade na autoridade, outros nas curiosidades e nas ciências, outros nas volúpias. [...] Nosso instinto nos faz sentir que é preciso procurar a felicidade dentro de nós. Nossas paixões nos impelem para fora, ainda que não haja objeto para as excitar. Os objetos exteriores nos tentam por eles mesmos e nos atraem, mesmo que não pensemos neles."

(Blaise Pascal)

"Servimos a religiões, exércitos, ideologias, mas talvez tudo isso em breve seja substituído pela máquina pensante do grande sistema que vai programar a nossa espécie. Talvez esse futuro perfeito seja pacífico e funcional, e consiga, finalmente, organizar a nossa sobrevivência. Ou não. Enquanto isso não acontece, vamos aproveitar cada momento imperfeito e usar nossas doces imperfeições. Vamos fugir da rigidez das regras, brincar, dar mais risada, olhar o céu, as estrelas, a lua, o mar. Olhar os lírios dos campos, observar os detalhes da natureza, seu design sofisticado, amar os bichos, as crianças, ter amigos de verdade, acompanhar as mudanças das estações, se apaixonar, beijar, transar, ter tesão, viver um grande amor. Vamos usar melhor o nosso tempo, pois cada momento presente é um presente. Expandir nossos sentidos e compreender que a liberdade de ser, pensar e dizer é uma conquista. A nossa privacidade é um bem precioso, momentos íntimos, secretos, só nossos. Descobrir quem de fato somos e o que queremos é um privilégio. Em nossa jornada de autoconhecimento, o que realmente importa é sentir a doce subversão de ser feliz."

(Bruna Lombardi)

"Amanhã, e amanhã, e ainda amanhã / Arrastam nesse passo o dia a dia / Até o fim do tempo prenotado. E todo ontem conduziu os tolos / à via em pó da morte. Apaga vela! / A vida é só uma sombra: um mau ator / que grita e se debate pelo palco / Depois é esquecido; é uma história / que conta o idiota, todo som e fúria / Sem querer dizer nada."

(William Shakespeare)

"Depois do açúcar refinado, da farinha branca, do sal marinho, das drogas sintéticas, do melhoramento genético da Cannabis, dos videogames e das redes sociais, seu sistema dopaminérgico aprende a desconsiderar o prazer de uma boa fruta, de um dia de trabalho ou de uma caminhada.

Quando sua referência de experiência de alto valor agregado é um dia na Disney ou um jantar ultracalórico em algum Outback da vida, os dias comuns se tornam difíceis de viver.

E o mercado de consumo está agora mesmo preparando o lançamento de seu novo agente altamente estimulante que você fará questão de consumir. Lícito ou ilícito. Isso é o de menos.

O pior efeito das coisas viciantes é como elas depreciam o valor de uma vida simples.

Aí, quando o dia a dia se torna sufocante, há sempre uma nova droga para dar conta disso.

Nada contra suas experiências de alto valor dopaminérgico, mas considero fundamental que você saiba de onde vem esse tédio insuportável que você sente longe delas."

(Carla Tieppo)

"Ser feliz sem motivo é a mais autêntica forma de felicidade."

(Carlos Drummond de Andrade)

"A felicidade autêntica não está ligada a uma ação, a uma atividade. Mas é um estado de ser, um profundo equilíbrio emocional decorrente de uma sutil compreensão do funcionamento da mente."

(Matthieu Ricard)

"A virtude das virtudes é a felicidade."

(Aristóteles)

"Quando nos deixamos guiar pela felicidade nos posicionamos no caminho que sempre esteve ali à nossa espera, e vivemos exatamente a vida que deveríamos estar vivendo."

(Joseph Campbell)

"Felicidade é a habilidade em falar com amor, escutar com paciência e agir com compaixão."

(Provérbio budista)

"Toda pressa que você tem em sua vida apenas nega a felicidade do momento presente."

(Sri Sri Ravi Shankar)

"O correr da vida embrulha tudo. A vida é assim: esquenta e esfria, aperta e daí afrouxa, sossega e depois desinquieta. O que ela quer da gente é coragem."

(Guimarães Rosa)

"Não se acostume com o que não o faz feliz, revolte-se quando julgar necessário.

Alague seu coração de esperanças, mas não deixe que ele se afogue nelas.

Se achar que precisa voltar, volte!
Se perceber que precisa seguir, siga!
Se estiver tudo errado, comece novamente.
Se estiver tudo certo, continue.
Se perder um amor, não se perca!
Se o achar, segure-o!"

(Fernando Pessoa)

"Aprenda a confiar no que está
acontecendo.
Se há silêncio, deixe-o aumentar,
algo surgirá.
Se há tempestade, deixe-a rugir;
ela se acalmará."

(Lao-tsé)

"A felicidade não é um destino, é uma viagem.
A felicidade não é amanhã, é agora.
A felicidade não é uma dependência, é uma decisão.
A felicidade é o que você é, não o que você tem."

(Osho)

Bibliografia

AVIV, R. *Estranhos a nós mesmos*: histórias de mentes instáveis. Rio de Janeiro: J. Zahar, 2023.

BALBONI, T. A. *et al.* Spirituality in serious illness and health. *JAMA*, v. 328, n. 2, p. 184-197, 2022. Disponível em: https://pubmed.ncbi.nlm.nih.gov/35819420/.

BELO, F. *Ensaios de psicanálise e alguma poesia*. São Paulo: INM, 2024.

BISHOP, S. R.; SHAPIRO, S. *et al.* Mindfulness: a proposed operational definition. *Clinical Psychology*: Science and Practice, 2004. Disponível em: https://doi.org/10.1093/clipsy.bph077.

CALLIGARIS, C. *O sentido da vida*. São Paulo: Planeta do Brasil, 2023.

ESTRADA, C. A. *et al.* Positive affect facilitates integration of information and decreases anchoring in reasoning among physicians. *Organizational Behavior and Human Decision Processes*, p. 117-135, 1997.

FERRY, L. *7 maneiras de ser feliz*: como viver de forma plena. Rio de Janeiro: Objetiva, 2017.

FRANKL, V. E. *Em busca de sentido*: um psicólogo no campo de concentração. Petrópolis: Vozes, 2008.

FREDRICKSON, B. L. The role of positive emotions in positive Psychology: the broaden-and-build theory of positive emotions. *The American Psychologist*, v. 56, n. 3, p. 218-226, 2001. Disponível em: https://pubmed.ncbi.nlm.nih.gov/11315248/.

FREDRICKSON, B. L.; LOSADA, M. F. Positive affect and the complex dynamics of human flourishing. *The American psychologist*, v. 60, n. 7, p. 678–686, 2011. Disponível em: https://pmc.ncbi.nlm.nih.gov/articles/PMC3126111/.

FROMM, E. *Ter ou ser*: uma introdução ao pensamento humanista. São Paulo: Planeta do Brasil, 2024.

HAN, B-C. *Sociedade do cansaço*. Petrópolis: Vozes, 2015.

LEMBKE, A. *Nação dopamina*: por que o excesso de prazer está nos deixando infelizes e o que podemos fazer para mudar. São Paulo: Vestígio, 2022.

LEMBKE, A. *Nação tarja preta*: o que há por trás da conduta dos médicos, da dependência dos pacientes e da atuação da indústria farmacêutica. São Paulo: Vestígio, 2024.

LOMBARDI, B. *Manual para corações machucados*. Rio de Janeiro: Sextante, 2024.

NICOLELIS, M. *O verdadeiro criador de tudo*. São Paulo: Crítica, 2020.

PASCAL, B. *Pensamentos do sr. Pascal sobre a religião e sobre outros assuntos encontrados entre seus papéis após sua morte*. 2. ed. São Paulo: Mundo Cristão, 2025.

PETERSON, C.; SELIGMAN, M. *Character strengths and virtues*. Oxford: Oxford University Press, 2004.

PLUTCHIK, R. *Emotions and life*: perspectives from psychology, biology, and evolution. Massachusetts: APA, 2003.

SANDEL, A. A. *Felicidade em ação*. Rio de Janeiro: BestSeller, 2025.

SHAKESPEARE, William. *Macbeth*. Trad. de Barbara Heliodora. Rio de Janeiro: Nova Aguilar, 2016. v. 1.

TSENG, J.; POPPENK, J. Brain meta-state transitions demarcate thoughts across task contexts exposing the mental noise of trait neuroticism. *Nature Communications*, v. 11, n. 3480, 2020. Disponível em: https://doi.org/10.1038/s41467-020-17255-9.

VIVALDI, A. "Nulla in mundo pax sincera", RV 630.

ZOHAR, D.; MARSHALL, I. *QS*: inteligência espiritual. Rio de Janeiro: Viva Livros, 2012.

Este livro foi composto na tipografia Adobe Garamond Pro,
em corpo 12/18, e impresso em
papel off-white no Sistema Cameron da
Divisão Gráfica da Distribuidora Record.